CAHIER

DE

VIEUX SOLDATS

de la Révolution et de l'Empire

PARIS — IMPRIMERIE H. CHAPELOT ET Ce, 2, RUE CHRISTINE

CAHIERS

DE

Vieux Soldats

de la Révolution et de l'Empire

PUBLIÉS ET ANNOTÉS

PAR

M. E. GRIDEL et le Capitaine **RICHARD**

Illustrations de M. E. GRIDEL

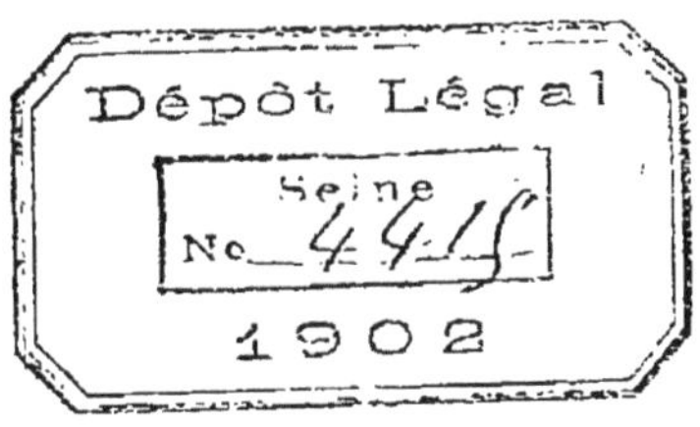

R. CHAPELOT et Ce
Imprimeurs-Éditeurs militaires
30, Rue et Passage Dauphine, 30

1903

DEUX VIEUX SOLDATS

CHATTON et LECLÈRE

DEUX VIEUX SOLDATS

Depuis quelques années, la collection de nos mémoires militaires s'enrichit journellement de nouvelles trouvailles, au grand bénéfice de notre histoire, et les Français d'aujourd'hui se les arrachent et les dévorent, avides de se pénétrer des sentiments véritables qui agitaient nos pères, riches et pauvres, grands et petits, nobles et roturiers, pendant que se déroulait ce cycle extraordinaire, cette épopée centenaire que l'on a appelé : la Révolution et l'Empire.

Les mémoires des généraux d'alors sont

assez nombreux, mais ils ne nous donnent généralement que la note heureuse, la note du succès. Ceux-là fréquentaient les cours, et avaient vaillamment conquis tous leurs grades à la pointe de leur sabre ; mais enfin, c'étaient des soldats instruits et heureux à la guerre, ceux que chérissait surtout le Grand Empereur, et dont il a peuplé les rangs de la noblesse d'épée du Premier Empire. Plus rares sont, par contre, les humbles qui ont obscurément suivi leurs chefs, ne glanant sur les champs de bataille de l'Europe que des coups de sabre pour leur propre compte, largement rendus, il est vrai, pour le compte des autres. Et pourtant, n'étaient-ce pas ces humbles qui composaient la masse de l'armée française ?

Il aurait été bien tentant de savoir d'un grand nombre d'entre eux, ce qu'ils voyaient, ce qu'ils comprenaient, ce qu'ils sentaient dans la grande épopée dont ils ont été les acteurs les plus actifs.

Mais voilà : eux, les humbles, étaient l'action mécanique, et les autres, ceux qui sont arrivés aux échelons élevés de la hiérarchie militaire et nous ont laissé le récit de leurs gloires, étaient la pensée.

C'est pourquoi, lorsqu'on retrouve, dans les tiroirs poussiéreux d'un bahut de village, des manuscrits laissés par de vieux soldats de cette époque fameuse, il faut s'empresser de les sauver de l'oubli et de les livrer à la publicité, tout en se gardant de les dénaturer pour les rendre plus présentables au lecteur, sous prétexte que l'orthographe et le style n'en sont pas suffisamment châtiés. A cette époque, dans les classes inférieures de la nation, l'instruction, même primaire, était chose assez rare. Il n'est donc pas étonnant que les manuscrits émanant de vieux soldats de la Révolution et de l'Empire soient choses rares, précieuses certes, car il est, à notre avis, aussi intéressant de savoir comment le général baron Thiébault a gagné ses éperons d'or et ses étoiles, que de se rendre compte de l'état d'esprit de ces modestes héros, « dont la valeur et le dévouement procuraient les succès des généraux et préparaient leur gloire ».

Or, le hasard a fait tomber entre nos mains deux vieux manuscrits, curieux à plus d'un point de vue, gardés depuis près d'un siècle dans des papiers de famille, et destinés probablement, non pas à la publicité à laquelle nous allons les livrer, mais à la destruction lente des vers et des rongeurs impitoyables.

Ces deux cahiers authentiques n'ont pas la prétention d'être des documents historiques, quoique les faits qui y sont relatés se rapportent à des faits rigoureusement historiques. Mais nous avons pensé qu'on lirait peut-être avec intérêt ces notes naïvement rédigées, véritables documents humains, par deux vieux soldats, comparses obscurs de la grande épopée.

Lorrains tous deux, ils sont nés dans l'arrondissement de Lunéville : Jean Chatton à Domjevin, canton de Blamont; Nicolas Leclère à Bénaménil, canton sud de Lunéville. Ces deux villages sont voisins et distants l'un de l'autre de quelques kilomètres à peine. La rivière de la Vezouze, qui descend des contreforts des Vosges, serpente lentement au travers d'une riante prairie, et sépare les territoires des deux villages.

Chatton, à Domjevin, fut, en 1792, un des volontaires appelés par décret de la Convention, à la défense de la patrie en danger. Il partit tout simplement rejoindre l'armée pour y servir jusqu'à la fin de la guerre contre l'étranger. Ce ne fut seulement qu'en 1803 qu'il pût, après avoir, pendant onze ans, guerroyé en Hollande, en Belgique, en Allemagne, en Bavière, en Suisse et en Italie, obtenir enfin son renvoi dans ses foyers. Pour être libéré, il dut être réformé !

Qu'auraient dit à sa place ceux qui, de nos

jours, trouvent déjà trop dur de consacrer trois ans au service de leur pays? Et cependant, cet homme des champs, arraché à la charrue, ne laisse échapper de plaintes, que dompté par la faim et les misères..... Les forces humaines ont des bornes.

Chatton était un réquisitionnaire un peu forcé; il subit le service militaire, mais ne s'en plaignit jamais. Et, cependant, en lisant ses modestes mémoires, on sent qu'il n'y va pas de bon cœur, il supporte le métier des armes plutôt qu'il ne l'aime; il y a tout vu, tout enduré. La bataille ne lui a jamais causé la moindre frayeur; être tué en combattant lui importait peu, il allait obscurément dans le tas, chair à canon, plastron vivant aux coups de baïonnette. Mais l'être humain a souffert cependant toutes les misères, « les froids, la faim, la nudité, et tant d'autres choses ». Aussi, est-ce en ces quelques lignes que peut se résumer tout l'esprit du réquisitionnaire de 1792 : « *Croyez, amis, dans une guerre de trente ans que nous avons faite, qu'il s'y a bien passé des maux et des biens : un a devenu riche, l'autre a devenu pauvre, l'autre a devenu estropié* ».

Le manuscrit de Leclère est malheureusement moins complet. Il y manque quelques pages, déchirées subrepticement par un moutard de la maison en quête de matériaux pour fabriquer des bateaux en papier. Cependant, son cahier, soigneusement tenu, est assez complet pour être intéressant. Si Chatton est un peu pleurard et copie parfois avec plaisir les lamentations de Jérémie dans le récit de ses aventures, Leclère, lui, est un bon vivant ; il relate sèchement ses misères comme choses qu'un soldat doit subir naturellement. Le dragon, lui aussi, a souffert, et sa marche en Russie comme prisonnier de guerre est un long martyre ; il ne se plaint jamais, prenant le temps comme il vient, acceptant cependant plus gaiement les aventures galantes et les bonnes ribotes que les distributions de pain fabriqué pour les prisonniers avec de la paille hachée, et les crachats des habitants qui insultaient au passage les colonnes de prisonniers de guerre, en Pologne russienne.

Mais Leclère n'était pas un réquisitionnaire, c'était un homme de la conscription. Avec les réquisitionnaires, la France s'était dégagée de l'étreinte menaçante de l'étranger. Avec les conscrits, Napoléon, le Grand Empereur, allait conquérir l'Europe ; et à Erfurt, en 1808, le vieux cavalier d'élite, rompu à la discipline, stoïque dans la misère, ne s'étonnera pas de voir les têtes couronnées de l'Europe s'assembler autour du grand Napoléon. « *Le congrès, écrit-il, s'est tenu à Erfurt, ville de Saxe, où notre Empereur et celui de Russie si ont très bien fait de laqueille l'un à l'autre, et beaucoup de rois de provinces voisines.* »

Nous nous sommes contentés d'annoter le manuscrit de Jean Chatton, dont nous avons conservé le style et les tournures de phrases, mais non l'orthographe phonétique, très difficile et fatigante à suivre.

Quant au cahier du brigadier Leclère, de la compagnie d'élite du 17e dragons, nous le donnons intégralement, avec ses fautes et ses naïvetés. Des extraits de l'historique inédit du 17e régiment de dragons permettront de contrôler la véracité de quelques faits rapportés par notre héros.

Quelques reproductions des pages de ces deux manuscrits permettront au lecteur de se rendre compte de l'écriture, du style et de l'orthographe de ces deux soldats lettrés de la Révolution et de l'Empire.

E. Gridel. — Capitaine Richard.

CAHIER DE CHATTON

Ce livre a été copié par moi, Jean Chatton, manœuvre à Domjevin, fait en l'année 1820.

Je vais écrire l'histoire de ma vie, depuis l'époque que j'ai parti pour l'armée française en qualité de soldat, en 1792. Le 21 octobre 1792.

Jean Chatton, fils de Claude Chatton, laboureur à Domjevin, et de Marguerite Mengin, mes père et mère.

Jean Chatton, âgé de 60 ans 6 mois.

Signé : J. Chatton.

Ce Livre à Eté Copié Par Moi Jean Chatton
Manœuvre dem. à Donjeux fait En l'année
1820

Je Vais Ecrire l'histoire
de ma vie depuis l'époque que j'ai
Parti pour l'armée française
En qualité de Soldat En 1792
Le 21 octobre 1792

Jean Chatton fils de Claude Chatton
Laboureur à Donjeux, et de Marguerite
Meugin Mes père et Mère

Jean Chatton agé de 60 ans 6 Mois
Signé Jn Chatton

Une page du Cahier de Chatton.

CHAPITRE PREMIER

Volontaire national à l'Armée de Sambre-et-Meuse

Volontaire national de 1792. — Maréchal des logis. — Qui va à la chasse perd sa place. — A l'armée de Sambre-et-Meuse. — La politique à l'armée. — Bataille de Fleurus, 26 juin 1794. — Prise de Maëstricht, 2 octobre 1794. — Prise de Bréda. Hiver de 1794. — Prise de Luxembourg, 20 mars 1795. — Les maraudeurs. — Jean Chatton est sur le point d'être fusillé. — Misères des soldats devant Coblence. — La soupe au trèfle. — Retraite sur le Rhin de l'armée de Sambre-et-Meuse. — Déblocus de Mayence, 28-29 octobre 1795. — Quartiers d'hiver à Deux-Ponts. — Une permission de seize jours. — De Deux-Ponts à Domjevin à pied. — Déserteur. — Les gendarmes.

J'ai été incorporé dans le 3e bataillon de la Manche. J'y ai resté un an (1). J'ai rentré dans l'artillerie en qualité de soldat du train conduisant les chevaux. Au bout d'un an, j'ai reçu le grade

(1) Jean Chatton fut appelé comme volontaire national et incorporé au 3e bataillon de la Manche, qui avait été formé le 1er septembre 1792. Un décret du 15 mai avait laissé les citoyens qui s'engageaient, libres de choisir l'armée dans laquelle ils voulaient servir. Jean Chatton opta pour l'armée du Nord et fut dirigé sur le 3e bataillon de la Manche, à Metz.

de maréchal de logis en second, à la paye de 120 francs par mois (1). J'ai obtenu une permission pour venir voir mes parents. En mon pays j'y ai passé ma permission, parce qu'il faisait meilleur qu'à l'armée ; seulement, j'ai bien vite été cassé et remplacé. Car vous devez savoir à l'armée, un qui manque et qui laisse échapper sa place, elle est bientôt prise (2).

---

(1) Un décret du 16 avril 1793 avait prescrit de former une compagnie de canonniers dans tous les bataillons de volontaires. Ces canonniers étaient tirés de l'effectif du bataillon et, lorsque ces bataillons n'avaient pas reçu de canons, ils pouvaient être employés aux parcs des armées. Il est probable que Jean Chatton fut employé dans une de ces compagnies de parc, puisqu'il se gratifie du titre de soldat du train.

(2) « Qui va à la chasse perd sa place », dit le proverbe, c'est ce qui arriva à Jean Chatton pour s'être endormi dans les délices du village de Domjevin. C'était presque une petite désertion cela, mais, en ce temps-là, les volontaires nationaux n'étaient pas encore faits à toutes les exigences de la discipline militaire ; quand on avait une bonne place et qu'on négligeait de s'y trouver, on vous l'enlevait et c'était tout. Et cela avait lieu, dit le général Suzanne, « grâce au désordre général des administrations et à l'extrême liberté dont jouissaient les volontaires et dont ils usaient largement pour

Je ne vous dis pas les misères que j'ai eues depuis que je vous écris ceci : Nous avons fait la bataille d'Arlon et la prise de la ville en même temps. De là, nous avons traversé la forêt des Ardennes, nous avons marché pendant cinq jours sans vivres : a fallu presque mourir de faim (1).

C'était du règne de Robespierre, de Houchard et Saint-Just qui trahissaient la France pour se faire rois.

En ce temps-là, ils ont guillotiné on ne sait combien de milliers de personnes innocentes mortes, ou fusillé des mil-

---

s'amalgamer, pour changer d'organisation et de titre, et même pour rentrer chez eux sans bruit ».

La solde de 120 francs par mois, pour un simple maréchal des logis, peut sembler exagérée. Il n'en est rien, si l'on veut bien considérer qu'à cette époque le rapport de diminution était de 6 à 1, 120 francs en assignats représentaient à peine 20 francs en numéraire.

(1) Jean Chatton marchait sous Jourdan qui allait, au mois de juin 1794, prendre le commandement de l'armée de Sambre-et-Meuse.

liers de soldats pour assouvir leur férocité (1).

De là, nous avons été bloquer la ville de Charleroi, clef de la Belgique ; nous en avons fait le siège et la prise en même temps, le 7 messidor.

Le lendemain, nous avons donné la fameuse bataille de Fleurus. L'ennemi a perdu 50,000 hommes. Les Français 22,000, sans compter les blessés (2).

Nous avons marché sur la ville de Liège, nous avons resté devant cette ville pendant

---

(1) Naïve et rude appréciation d'un défenseur de la patrie en danger, sur la valeur morale des gouvernants qui dirigeaient alors les affaires de la République.

(2) 25 juin 1794. Reddition de la garnison de Charleroi à laquelle Saint-Just le conventionnel refusa d'accorder les honneurs de la guerre. Le 26, Jourdan battait Cobourg à Fleurus. Il faut remarquer ici l'exagération des chiffres donnés par Jean Chatton au sujet des pertes subies de part et d'autre. Les Français perdirent 6,000 hommes et les coalisés 10,000. Mais les soldats sont naturellement portés à grossir les chiffres qu'ils ignorent, cela grossit aussi dans leur esprit l'importance des affaires auxquelles ils ont assisté.

quatre mois. Nous avons fait la fameuse bataille de Senef (?) (Seneux) avec grandes pertes (1).

De là, nous avons pris la ville d'Aix-la-Chapelle, avec pertes de monde, et la ville de Juliers ; on a poursuivi l'ennemi la baïonnette dans les reins dans les belles plaines de Cologne ; on les a fait sauter dans le Rhin, on a pris 40,000 ennemis et on a gardé le Rhin. De là, j'ai fait le blocus de la ville de Maëstricht et la prise ; ils y avaient 12,000 Autrichiens et 4,000 Hollandais (2).

De là, j'ai été au siège de Bréda, dans l'intérieur de la Hollande, par le plus rude hiver qu'il eût peut-être jamais fait (3).

---

(1) C'est probablement le combat de Sombref dont il est question.

(2) Jourdan continuait ses succès à Aldenhoven le 2 octobre 1794 et complétait par la prise de Maëstricht, le 4 novembre, la belle campagne de l'armée de Sambre-et-Meuse, dont le résultat fut l'expulsion totale des Autrichiens et leur fuite au delà du Rhin.

(3) L'attaque et la prise des lignes de Bréda eurent lieu le

Après la prise de cette ville, nous avons pris nos quartiers d'hiver, après la Hollande conquise, jusqu'à Pâques (1).

De là, nous avons venu au blocus de Luxembourg, nous y avons resté deux mois et puis elle s'a rendue aux Français (2).

De là, j'ai été devant la ville de Coblence, nous y avons resté depuis le mois de mai jusqu'au mois d'octobre que nous avons passé le Rhin.

Devant cette ville maudite pour moi, j'ai bien manqué d'être fusillé ou avoir la tête lavée avec du plomb pour avoir été à la ma-

---

28 décembre 1794. Le brave volontaire constate seulement les rigueurs du fameux hiver, mais il ne s'en plaint pas. Nous étions victorieux, on supportait tout.

(1) La conquête de la Hollande se poursuivit pendant le reste de l'hiver. Les quartiers d'hiver ne durèrent donc pas bien longtemps.

(2) Luxembourg, défendu par 500 bouches à feu, avait été bloqué par Moreau dans les derniers jours d'octobre 1794. Le 20 mars 1795, quittant leurs quartiers d'hiver de Hollande, deux divisions de l'armée de Sambre-et-Meuse venaient relever les troupes de siège qui étaient dirigées sur Mayence. Le 7 juin, Luxembourg se rendait au général Jourdan.

raude pour nos chevaux d'artillerie. J'ai été pris par quatre gendarmes et quatre dragons, à onze heures du soir, et mené au quartier général. Après avoir été interrogé, j'ai été conduit en prison pour attendre mon sort; après bien des débats et pourparlers, le commandant et beaucoup d'officiers, ainsi que M. Croizier, qui était dans ce moment mon capitaine, qui se sont bien employés pour moi, Jean-Baptiste Carrière m'a apporté la nouvelle, au bout de cinq jours, par le guichet de la prison où j'étais détenu, que je n'en mourrai pas, mais que j'aurais cinq ans de galères. De tout cela, après bien des supplications, j'ai été enfin mis en liberté, grâce à Dieu (1).

---

(1) On dit que lorsque le général Hoche revint prendre le commandement de l'armée de Sambre-et-Meuse, après la pacification de la Vendée, apprenant toutes les maraudes, toutes les exactions des soldats de son armée dénuée de tout, il s'écria : « Mais c'est un ramassis de brigands ! » La maraude était, en effet, une des plaies de nos armées républicaines Devant le dénument général, on avait d'abord fermé

Et nous avons été délivré de la famine à laquelle nous étions réduits devant ce Coblence. Nous avons été dans la misère deux mois. Tantôt nous avions une livre et demie de pain à partager entre douze hommes. D'autres jours, point ; sans viande, ni sel, ni argent, car c'était la chute des assignats, puisqu'ils ne valaient plus rien. Nous allions à cinq lieues chercher des petites pommes, à la Saint-Jean, pour manger, arracher les pommes de terre ; nous mangions des pleines marmites de trèfle, sans sel ni graisse, pour ne pas mourir de faim. Jugez quel triste sort que le pauvre soldat a en faisant la guerre. Il y a beaucoup de ba-

---

les yeux pour que nos soldats ne mourussent pas de faim, puis, lorsque la discipline eût trop souffert de la maraude, les généraux sentirent la nécessité de réagir vigoureusement. Tout maraudeur était fusillé impitoyablement. Jean Chatton, qui avait faim, allait à la maraude. Jean Chatton faillit être fusillé ; son excuse, il l'explique ensuite tout simplement et il confesse qu'en allant au blocus de Mayence, « les soldats ont été encore obligés de piller les pauvres paysans pour manger ».

vards qui disent que le soldat est heureux de faire la guerre.

En allant au blocus de Mayence, nous avons bien pillé les pauvres paysans pour avoir à manger.

J'ai battu en retraite. Cette retraite a coûté une grande perte à la France. Nous avons laissé de l'autre côté du Rhin, proche de Montabaur, 40 pièces de canon, 80 caissons de poudre, tous les fourgons de l'ambulance. Il faisait si mauvais temps qu'on ne pouvait marcher par les mauvais chemins (1).

Devant Mayence, il y a resté, tant pièces de canon que caissons, 1200 (2). Nous

---

(1) Jourdan couvrait la ligne d'investissement de Mayence, sur la rive droite du Rhin. Menacé, le 11 octobre 1795, d'être coupé du Rhin par des forces supérieures, à Wetzler, il fut obligé de battre en retraite et d'abandonner les opérations du blocus de Mayence. L'arrière-garde française eut à supporter quelques violents combats, dont l'un dans les environs de Montabaur, mais elle sut vivement contenir les avant-gardes autrichiennes.

(2) Les 28 et 29 octobre, Clairfayt forçait les lignes de

avons battu en retraite pendant six semaines. sans recevoir une seule ration que pain toujours maraudé. Nous avons marché sur Deux-Ponts. Là nous avons pris nos quartiers d'hiver pour nous un peu remettre. Toute cette grande retraite était toute par trahison (Hô les gueux!) (1).

Dans la ville de Deux-Ponts, j'ai reçu une permission de seize jours. J'ai resté au pays trois mois. Vous pouvez vous imaginer en restant si longtemps au pays, j'ai été cassé de ma place. J'étais brigadier dans

---

Mayence, et Pichegru, après avoir perdu 3,000 hommes et 60 canons, se retirait sur le Pfrim, près du Mont-Tonnerre.

(1) Après avoir repassé le Rhin, l'armée de Sambre-et-Meuse battit en retraite sur la ligne de la Nahe. La saison devenant trop rigoureuse, les chemins impraticables, et le pays dévasté n'offrant plus aucune ressource à son armée, Jourdan la replie sur Trèves. Jean Chatton laisse échapper ici, le malheureux cri que poussèrent si souvent au début, nos volontaires nationaux en débandade : *Nous sommes trahis !*

Le 21 décembre, Clairfayt proposait au général en chef un armistice qui était signé le 1er janvier 1796. Les armées ennemies prirent leurs quartiers d'hiver.

l'artillerie à la paye de quatre francs par jour, un bon bidet entre les jambes ; je n'étais pas mal ; je n'avais rien à faire que de

faire les bons de pain, viande, etc., foin et avoine pour les chevaux. Au bout de trois mois, les gendarmes viennent me sommer de rejoindre. Où aller, plus de place? En avoir perdu une si belle, que faire? Je ne pouvais rester (1).

---

(1) Décidément, les douceurs de Domjevin tenaient fort au cœur de notre volontaire de 92. La perte de ses galons de maréchal des logis ne l'avait pas guéri de la funeste habitude de prolonger outre mesure ses permissions. Aussi, les galons du brigadier allaient-ils y passer à leur tour.

Nous ne pouvons toutefois nous empêcher de reconnaître qu'une permission de seize jours était bien courte pour un volontaire obligé de faire à pied, pendant l'hiver, la route de Deux-Ponts à Domjevin!

CHAPITRE II

La 17e demi-brigade sur le Rhin et en Italie

Passage du Rhin à Kehl. — La traversée de la France de l'est à l'ouest et de l'ouest à l'est. — Les monstres marins. — Huningue. — Départ pour l'Italie. — Le grand Saint-Bernard. — Milan. — Combat de Porto-di-Fermo (27 novembre 1798). — Atrocités des Napolitains. — Les représailles. — Dispersion des Napolitains — Fuite du roi de Naples. — Marche sur Naples. — Guerre sauvage. — Arrivée à Naples. — Caserte.

'AI rejoint à Strasbourg. Je suis incorporé dans la 17e demi-brigade d'infanterie de ligne, 2e bataillon, 6e compagnie (1).

---

(1) Jean Chatton avait toujours suivi le 3e bataillon de volontaires de la Manche. Le 8 juillet 1793, il était passé comme soldat d'artillerie à la 200e demi-brigade de bataille où il avait reconquis les galons de brigadier. La 200e demi-brigade avait été composée entièrement de volontaires : du 2e bataillon de Saône-et-Loire, du 3e de la Manche, et du 11e de la Meurthe.

Sommé par les gendarmes de rejoindre l'armée, il se rend à leur ordre. Mais, que faire? Que devenir? se demandait-il. Questions très compréhensibles quand on sait qu'à cette époque, « le désordre était si grand partout, que l'on ignorait pour une partie des troupes sur pied, le nom, l'effectif et l'emplacement des corps, et l'infanterie démoralisée désertait par bandes pour regagner ses foyers, l'armée manquait de tout ». A tout hasard, notre héros se rendit à Strasbourg, où on l'incorpora dans la nouvelle 17e demi-brigade formée le 10 février 1796.

Je passe le Rhin à Kehl, nous allons en cantonnement dans la forêt Noire, depuis le mois de mai jusqu'au mois de novembre (1).

---

(1) Il est à regretter que Jean Chatton ne se soit pas étendu plus longuement sur la campagne de 1796 de l'armée de Rhin et Moselle dont il faisait partie. Le 23 juin, la 17e demi-brigade passait le Rhin à Khel, assistait aux combats de Frendenstadt le 4 juillet et méritait, pendant la retraite qui suivit la bataille de Neresheim, le 11 août, que le général de Saint-Cyr écrivit dans son rapport : « La 17e et la 100e ont fait preuve, dans cette journée, d'un sang-froid uni à une valeur brillante. » Jean Chatton passait le Danube avec sa demi-brigade, mais, après la bataille de Biberach, le 2 octobre, l'armée de Rhin et Moselle se retirait sur Kehl. La 17e demi-brigade s'y fit remarquer à la défense de la tête du pont. Enfin, Moreau était obligé de repasser le Rhin le 26 octobre. « L'armée avait, dit Saint-Cyr, le plus grand besoin de repos ; 6 mois de bivouacs continuels avaient exténué les hommes et les chevaux, et ruiné le matériel ; l'habillement ainsi que la chaussure étaient totalement détruits : un tiers des soldats marchaient pieds nus et l'on n'apercevait souvent d'autres vestiges d'uniforme que la buffleterie ; sans les haillons de paysans dont ils étaient couverts, leurs têtes et leurs corps eussent été exposés à toutes les injures du temps. C'est dans cet état que je les ai vus défiler à Huningue, et cependant leur aspect était imposant ; à aucune époque je n'ai rien vu de plus martial. La démarche était fière ; peut-être quelque chose de farouche se faisait voir dans leurs regards..... » Jean Chatton était un de ces héros !

C' est là que j'ai vu deux poissons ; un pesait douze cents, l'autre neuf cents.

Nous repassons le Rhin (1), nous allons à Zurich, en Suisse, nous restons cinq jours.

Nous reçûmes l'ordre pour aller à Coutances (2), en Normandie, sur le bord de la mer. Nous y restons six semaines. En arrivant à Granville, en Normandie, c'est là que j'ai vu deux poissons. Un pesait douze cents, l'autre neuf cents (3).

Nous retournons à Bâle, en Suisse. Traversé la France deux fois dans six semaines.

Nous revenons à Huningue. D'Huningue nous avons eu l'ordre pour aller à Milan, en

---

(1) Le 20 avril 1797, l'armée de Rhin et Moselle, sous le commandement de Moreau, repasse le Rhin à Diersheim. Les glorieux débuts de Moreau furent arrêtés par la nouvelle de la signature des préliminaires de la paix de Léoben.

(2) La 17e demi-brigade reçoit l'ordre de rentrer en France, la paix est signée avec l'Autriche. A peine arrivée à Coutances, elle est rappelée sur le Rhin à Bâle, et envoyée à Huningue.

(3) Jean Chatton est un observateur, sinon un narrateur, le poids des poissons qu'il vit, sont estimés à la manière lorraine, en livres. Les deux poissons devaient donc peser 600 et 450 kilogs. C'étaient sans doute des souffleurs échoués à mon avis sur la plage.

Italie (1), passant par la Suisse, par Saint-Maurice, à l'embouchure du lac de Genève,

par le Mont-Blanc, par le bas Valais, par le haut Valais, à Saint-Pierre, bourg au pied du grand mont Saint-Bernard; de Saint-Pierre au couvent, il y a huit lieues; toujours monter et des précipices de deux lieues, qui font trembler les hommes les plus hardis. Trois lieues avant d'arriver au couvent, il y a des glaces et des neiges

(1) La 17e demi-brigade, après avoir passé quelque temps à Huningue, reçut l'ordre, en 1798, de se rendre dans les

depuis la création du monde. En toutes saisons, il y fait un froid excessif.

Du couvent à la ville d'Aoste, il y a encore six grandes lieues en descendant très rapidement, il faut faire ces quatorze lieues-là dans un jour (1).

Arrivant à la grande ville de Milan, le lendemain nous partons pour la ville de Porto-Fermo, au camp. Nous étions 24,000 hommes. L'ennemi, qui était Napolitains, étaient 80,000. Nous avons livré bataille à

---

marches d'Ancône en Italie où les intrigues du gouvernement anglais nous suscitaient des difficultés continuelles et soulevaient contre notre armée très affaiblie, le peuple et le roi de Naples. Le voyage fut long et fatiguant, mais notre volontaire voyait du pays. Il le voyait même très bien, car ses souvenirs lui sont restés fidèles.

(1) Jean Chatton fit ainsi, pendant les derniers mois de l'année 1798, l'ascension et la descente du grand Saint-Bernard. Il arrivait à Milan dans les derniers jours d'octobre. Le lendemain la 17e brigade, qui allait se retrouver sous les ordres d'un de ses généraux de l'armée de Rhin et Moselle, Championnet, se mettait en route pour rejoindre l'armée de Naples qui s'apprêtait à reprendre l'offensive contre les troupes napolitaines commandées par le général autrichien Mack.

deux heures après-midi, pour sonder leurs forces. C'était une fausse attaque (1).

Le lendemain, à trois heures du matin, nos tirailleurs commencent l'attaque. Nous avançons hardiment sur l'ennemi. On a trouvé trois canonniers et trois soldats du train qui avaient été pris la veille, qui étaient liés les bras derrière le dos et morts sur le champ; et une de nos vivandières, morte et fendue depuis le bas du ventre jusqu'au menton, et un canonnier mort dedans son ventre. Jugez quelle cruauté! Notre général, Rusca, en voyant cette barbarie, crie: Soldats, guerre à mort (2)!

---

(1) Dans la soirée du 26 novembre, la 17e demi-brigade arrivait à Porto-di-Fermo, petit port sur l'Adriatique. Le 27 au soir, l'ennemi tenta de surprendre Porto-di-Fermo. Le 28, une reconnaissance opérée contre le corps du chevalier Micheroux, général napolitain, nous valut un trophée de 3 drapeaux et de 24 pièces de canon.

(2) Dans ses mémoires, le général baron Thiébault raconte que le général Rusca fit plus que prêcher la guerre à mort, il en donna lui-même le premier l'exemple, et il l'en blâme vertement. « Ayant trouvé deux de nos soldats liés

Pour venger nos frères, on donne le signal, on bat la charge, on fonce sur l'ennemi. On bat, on a cassé tout ce qui se rencontre devant nous. Nous avons pris la moitié de l'artillerie, tous leurs canons et caissons, tous leurs bagages, magasin de farine, blé, avoine, 50 voitures d'habillement en tous genres et 30 bâtiments à une lieue de là, qui étions sur le bord de la mer, qui chargeaient blé, avoine, farine, draps, selles et brides.

Notre artillerie légère court au grand galop, met ses pièces en batterie; c'était l'affaire d'un moment. On tirait à boulet sur leurs bâtiments du bord de la mer. Six

---

ensemble et barbarement mutilés par des Napolitains, cet homme, pour se mettre au niveau des lâches auteurs de ces assassinats, massacra de sa main, en ma présence et en celle de cent témoins, qui comme moi en reculèrent d'horreur, cinq des trois cent quarante prisonniers que nos soldats avaient respectés. » C'était bien commencer de part et d'autre la série des horreurs et des cruautés dont le pauvre Chatton ne cessera de se plaindre et qu'il déplorera pendant le reste du récit de la campagne de l'armée de Naples.

coulent à fond, vingt-quatre autres se rendent en mettant drapeau blanc (1).

Depuis cette heureuse journée, l'armée a été dispersée dans les montagnes, dont les frontières du pays de Naples sont garnies.

Tous leurs contingents, dispersés dans les montagnes, sont formés avec les paysans en brigandage. Nous nous sommes battus avec ces brigands depuis la Toussaint jusqu'au mois d'août et les troupes réglées du roi de Naples ont embarqué pour aller dans les Deux-Siciles, à trente lieues de la ville de Naples, par mer (2).

---

(1) Le fait que relate Jean Chatton est exact, sauf les exagérations inévitables chez un troupier qui rapporte les résultats d'un combat d'après les on-dit. Mais ce combat s'est livré le 27 au soir. Le chevalier Micheroux avait tenté de débarquer sa première division en la faisant transporter sur des barques. Elle fut obligée de fuir précipitamment sans avoir pu surprendre Porto-di-Fermo. La deuxième division fut également ramenée le 28 et cette partie de l'armée napolitaine s'enfuit vers le Tronta en ouvrant ainsi la route d'Ascoli.

(2) Ferdinand, roi de Naples, avait décrété la levée en masse; mais apprenant la marche victorieuse de Cham-

Nous avons tout fusillé, les paysans et soldats rebelles ; et ces brigands, autant des nôtres qu'ils prenaient, ils les brûlaient vifs, leur arrachaient les boyaux du ventre vivants. Quelle guerre ! Quelle cruauté ! Entre chrétiens se dévorer ! Tantôt il y avait 8,000 brigands réunis dans un bourg, tantôt 6,000 sur un passage ; nous allions après, on en faisait une boucherie. On en prenait par milliers, on tirait à coup de mitraille dessus pour les envoyer en enfer tous ensemble (1).

---

pionnet, il se sauva avec sa cour et ses trésors sur des navires anglais et portugais qui le transportèrent à Palerme le 21 décembre. — Mack, général en chef des troupes napolitaines, ne devait pas tarder à abandonner la partie. Forcé de demander un armistice à Championnet, il fut obligé de fuir son armée devant les menaces des Napolitains. Naples fut ainsi livrée au pouvoir des lazzaroni.

(1) Après le départ de Mack, l'armée napolitaine était complètement désorganisée. Mais le peuple, soulevé par les nobles et les prêtres, allait se grouper pour lutter contre les troupes françaises. « Sessa fut le lieu principal de rassemblement des bandes insurgées qui, d'après l'ordre de la cour, devaient faire aux Français, et leur faisait réellement, une guerre d'extermination. »

Après bien des marches, nous arrivons enfin devant la ville de Naples, qui est la ville capitale (1).

La 17e, dont j'étais soldat, part de Caserte ville, très grande ville de plaisance du Roi, avec un Louvre ; par sa grandeur, il y logerait bien 40,000 hommes. Il y a un beau parc devant le Louvre, et il y a toutes sortes de gibiers et des beaux bassins.

---

(1) Pendant le blocus de Capoue, la 17e demi-brigade de bataille était à Caserte, gardant les derrières de l'armée, qui continuait ses opérations sur Naples.

CHAPITRE III

L'Expédition de Benavente

Les trésors du roi de Naples. — Les Fourches Caudines. — A la baïonnette. — Plutôt la mort que l'esclavage. — Jean Chatton dans un château. — Rumeurs et précautions. — Les adjudants-majors de la 17e. — L'affaire de Popoli. — Cuit à la broche. — La veilleuse. — Un bon lit. — La plume de cinq pieds. — Insomnie. — Pressentiments. — Alerte. — Départ subit de la 17e. — Triste réveil. — Abandonné. — En reconnaissance. — Un costume protecteur. — La révolte des paysans. — Enfermé dans le château. — En pénitence contre une porte. — La mort de mon cheval. — Pillage du château. — Transes mortelles. — Prêt à mourir. — Fuite subite des brigands. — A la nuit. — Déguisement. — Bonsoir. — Porte trop bien gardée. — Chatton saute dans le fossé. — Une chute terrible. — Sauvé, mais mal loti. — Les premiers pas. — La rivière. — Le canal. — L'échelle en passerelle. — Au jour. — Rencontre d'un brigand. — Italien de cuisine. — Dépouillé par les brigands. — La fuite. — Manqué, mais cerné. — A genoux, les yeux bandés. — Le scapulaire protecteur. — Un forcené. — Conseil de guerre. — Sauvé par les femmes. — En route pour Montesarte. — Insulté par les gamins. — La maison du gouverneur. — Cordiale réception. — Les jolies demoiselles du gouverneur. — L'interrogatoire. — Les demoiselles obtiennent la grâce de Jean Chatton. — A déjeuner. — Fureur des paysans. — Garde-robe recomplétée. — Adieux. — La galanterie française. — Si j'étais riche! — En route pour Caserte. — En carrosse. — Une ruse de guerre du général Broussier. — Sauvé! Je retrouve la 17e à Caserte.

Nous avons reçu l'ordre pour aller à Benavente ville, pour aller chercher un trésor que le Roi n'avait pas eu le temps d'emporter (1). C'est pour vous faire savoir, quand le roi de Naples a appris la nouvelle que les Français venaient à sa rencontre, il a fait faire des contributions, tant

---

(1) Le général Duhesme, qui venait de recevoir l'ordre de marcher sur Capoue, détacha la 17e demi-brigade, sous les ordres du chef de brigade Broussier, pour aller s'emparer des trésors réunis à Benavente.

Ce que raconte Jean Chatton est absolument exact, car on sait que, au début de la campagne, afin de se créer des ressources extraordinaires, le Roi de Naples dépouilla les églises et les couvents ; on fit même des drapeaux avec des nappes d'autel ; on leva, sous le nom de dons patriotiques, des contributions forcées, et tout le numéraire des caisses publiques fut versé au trésor royal et remplacé par des billets royaux.

en argent qu'en argenterie, dans tout son royaume. Il en a fait des dépôts dans les couvents. Nous avons été si rapidement, et massacré son armée, qu'il n'a pas eu le temps de les enlever. Mais les Français, que rien ne leur échappe, les savaient bien avoir par la voix des paysans, moyennant une petite récompense.

Et, étant en chemin de Caserte à Benavente, il y a quinze milles ou cinq lieues, après une lieue de marche, nous fûmes attaqués par 8,000 brigands qui étaient embusqués près d'une montagne. Ils nous surprennent, ils font feu sur nous. Ils nous ont tué 60 hommes et blessé 30. Nous autres, nous avions l'arme à volonté, car on ne se déméfiait de rien. Nous nous formons en bataille, car on avance au pas de charge ; ils se sauvent dans la montagne voisine, toujours en nous harcelant, depuis neuf heures du matin jusqu'à dix heures du soir. Nous n'étions que 1700 hommes contre 8,000 paysans ;

point de cartouches : seulement trois cartouches à tirer par soldat. Quoi faire ? Pas moyen d'en avoir ! Les paysans, ne voyant que quelques coups de fusil tirés, se sont bientôt aperçus que nous manquions de munitions. Ils venaient de tous côtés sur nous, comme des enragés, en nous criant : « Français ! rendez-vous ! » Nous autres, nous marchions toujours en bataillons carrés, baïonnette en avant. Notre commandant lui répond : « Nous rendre à des brigands ? plutôt la mort ! » Nous fai-

sions des charges à la baïonnette dessus pour les mettre en fuite (1).

Dans cette belle colline, il y a des beaux bourgs et bien des beaux villages. On les pillait, nous brûlions des villages, nous lâchions le vin dans les caves. Les brigands se renfermaient dans leurs maisons, en faisant feu sur nous. Nous, pour les prendre, on mettait le feu dans leurs villages, on les faisait griller comme des harengs sur la grille.

Après nous avoir bien battus, tant d'une part que de l'autre, nous arrivons à notre destination, car vous savez bien que des milliers de paysans n'ont jamais arrêté la marche

---

(1) Le chef de brigade Broussier, parti de Caserte le 16 janvier, trouva les insurgés qui occupaient en forces le fameux défilé des Fourches Caudines. Il le força ; mais, si ce que Jean Chatton *raconte* est exact, il faut avouer qu'il avait une drôle de manière de faire marcher sa colonne dans un pays si difficile à traverser.

La 17e demi-brigade n'allait pas seulement chercher les trésors à Benavente, elle allait aussi éclairer et protéger le flanc gauche de l'armée française qui attaquait Capoue.

des soldats français. « Plutôt la mort que l'esclavage », c'est la devise des bons Français ! (1).

Je pansai les chevaux de mon commandant et de mon adjudant-major ; j'en avais deux, et nous étions logés tout en bas de la ville, chez un prince, et toute notre demi-brigade était dans un couvent. Ils couchaient tout habillés, sac au dos, les bretelles dans leurs bras et la tête dessus leurs sacs, giberne au côté, fusil chargé entre leurs bras, pour être prêts en cas d'alerte, car l'espion a rapporté qu'il y avait bien 12,000 brigands autour de la ville. Il fallait bien se garder pour ne pas être assassiné par ces loups de brigands. On faisait patrouilles sur patrouilles : on en prenait de temps en temps quelqu'un qui voulait être trop hardi. On ne

(1) Voilà bien le cri du cœur et le style du soldat de la Révolution, réquisitionnaire maintenu au service depuis six ans, qui va fonder à Naples la grande République Parthénopéenne à l'instar de la République Française.

tirait pas dessus de peur de faire du bruit, on lui enfonçait trois ou quatre coups de baïonnette dans l'estomac, il mourait comme des chiens enragés (1).

Je reviens à moi qui est dans mon logement avec l'adjudant-major du troisième bataillon et l'adjudant du deuxième, qui est mon maître. Le soir, nous soupons bien et d'un bon appétit. Après souper, l'adjudant du troisième bataillon dit à mon maître : « Il te faut aller à l'ordre chez le chef ». — Il dit : « Non, je n'irai que demain le matin. Puisque nous allons rester trois jours ici pour nous reposer » (2).

---

(1) En qualité d'ancien artilleur sachant soigner les chevaux, Jean Chatton avait trouvé le moyen de s'embusquer. Il était ordonnance. Il est probable que s'il avait été se coucher avec ses camarades, sac au dos, le fusil dans les bras, il ne lui serait pas arrivé la douloureuse épreuve à laquelle il allait être soumis les deux jours suivants.

(2) Le secret de l'opération était bien gardé et il est certain que le départ de la 17e demi-brigade ne devait pas être si rapide qu'il le fut. Mais, informé des nombreux rassemblements qui tenaient la campagne, Broussier, ne voulant pas

L'adjudant me dit : « Chatton, vous porterez nos selles au sellier pour les faire raccommoder. Nous nous ferons faire chacun un pantalon ».

Nous avions bien du drap. Ce drap, nous l'avions pris à la ville de Popoli. Là où nous nous avions battus la veille de Noël, en attendant la messe de minuit. C'était encore une affaire âcre. Les brigands étions 6,000, enfermés dans un couvent et bien barricadés, et une rivière qui coulait au pied.

Nous les avons pris, non point sans peine, car nous avions perdu, sur nos trois bataillons, 5 capitaines et 16 tant lieutenants que sous-lieutenants, et 300 soldats et notre général de brigade (1).

être exposé à être enfermé dans Benavente, se résolut à brusquer le départ de sa colonne.

(1) Après avoir enlevé Pescara, Duhesme s'était mis en route pour rejoindre le reste de l'armée avec sa division. Il passa par Popoli, Salmona et Iserma. La division Lemoine, qui le précédait à Popoli, s'en était emparé et l'y avait attendu quelques jours. Mais entouré par une bande de paysans

C'est là, avant d'arriver à Popoli, que j'ai vu une ordonnance du 7e chasseurs à la broche, près d'un grand feu, tout noir rôti. Un autre, les boyaux hors de son ventre qui remuait encore. Quelle cruauté pour des hommes. Bref..... (1).

Je vais coucher à l'écurie, je fais remplir ma gourde de vin, je me fais donner une

---

dont le nombre grossissait chaque jour, il s'était mis en route pour Salmona. Le 24 décembre, le général Duhesme allait être de nouveau obligé de livrer un combat sanglant à Popoli pour s'ouvrir le passage de l'Apennin.

(1) Dans ses mémoires, le général baron Thiébault relate comme il suit des atrocités analogues commises par les insurgés napolitains à Sessa : « Le général Rey, qui s'était porté sur Sessa, réussit à en forcer l'entrée ; mais, parvenu sur la place, il eut le plus horrible spectacle. De tous côtés et en partie palpitants, gisaient de nos soldats, égorgés après avoir été mutilés. Plus loin, des débris humains, fumant encore et presque en charbons, étaient ce qui restait d'un officier du 25e de chasseurs à cheval et du capitaine Gourdel, tous deux brûlés vifs et à petit feu. A quelques pas de là, un tas de chair et d'ossements ; c'était le produit de onze de nos soldats hachés tout vivants. Enfin, un autre bûcher dressait sur cette même place ses trois poteaux, auxquels trois nouvelles victimes allaient être attachées ; déjà liées et garottées, elles subissaient, au fond d'une cave, une affreuse agonie, lorsqu'elles furent sauvées. »

J'ai vu une ordonnance du 7e chasseurs à la broche, près d'un grand feu.

assiette d'huile d'olive, car, dans ce pays, on ne brûle que de l'huile d'olive, car les olives sont très communes ; avec un bouchon de liège. Je fais un trou au travers du bouchon pour y passer la mèche. J'allume la mèche, je la mets près de moi, pour, en cas d'alerte, que j'y voie clair pour seller mes chevaux. Mes précautions faites, je me fais un lit, j'y mets beaucoup de plume de cinq pieds (1).

Je me dis : voilà bien trois mois que tu ne t'es pas déshabillé, tu vas bien reposer cette nuit. Je bois un coup de vin de ma gourde, je me mets à genoux, je prie Dieu d'avoir pitié d'un pauvre pécheur et de vouloir me préserver de tomber entre les mains des brigands (2).

---

(1) Expression imagée de la langue verte du troupier, encore en usage de nos jours pour signifier la paille dont on remplit les paillasses.

(2) Jean Chatton a conservé les pieuses croyances de son enfance, et sa piété le soutient toujours dans les circonstances les plus désespérées.

J'avais bien donné à souper à mes chevaux, du moins qu'ils soient toujours prêts à marcher. Je me mets dans mon lit de paille, croyant bien reposer. Je me couche à neuf heures. J'entends sonner dix heures ; je ne peux pas m'endormir. J'entends sonner onze heures. Je me dis : pourquoi donc tu ne peux dormir, c'est sûrement à cause que tu es déshabillé. Je me réhabille, je me recouche de nouveau encore, sans pouvoir dormir. Je me dis : c'est donc ton ange gardien qui veille sur toi pour t'avertir d'être sur tes gardes (1).

Voilà donc que j'entends sonner minuit ; une heure.

Entre une heure et deux heures, j'entends la voix d'un paysan qui crie à sa langue : « Francisco ! Francisco ! », par deux fois.

(1) Des pressentiments assaillaient le pauvre soldat. Il avait peur d'être trop heureux d'avoir pu coucher à l'aise sur une bonne botte de paille; ses pressentiments n'allaient pas le tromper.

Je me lève vite, je sors de l'écurie, je vais dans la basse-cour ; je n'entends plus mot, tout est muet pour moi.

Hélas ! C'étaient nos gens qui partaient sans en avertir mes maîtres qui dormaient bien tranquilles au château. Nos gens enlevaient un trésor qui était dans un couvent, tel que j'en ai fait mention en avant. Notre troupe avait cinq charrettes pour charger cet argent et argenterie : les roues étaient, ainsi que les pieds des chevaux, entortillés avec du linge et des étoupes pour ne pas faire de bruit pour ne pas donner l'éveil aux bourgeois de la ville (1).

Bref, je reviens à moi. Je me recouche,

(1) Nous avons dit que, menacé d'être coupé de la division Duhesme, par les nombreux groupes de paysans insurgés qui entouraient Benavente et pour ne pas donner le temps à celles qu'il avait dispersées au passage des Fourches Caudines de s'y reformer de nouveau sur sa ligne de retraite, Broussier fit partir précipitamment la 17e demi-brigade par une marche de nuit. Les détails de ce départ, Jean Chatton les apprit quand il retrouva son corps, après la série d'aventures qui lui arrivèrent dans son abandon.

comme n'entendant plus rien, je m'endors jusqu'au jour. Il valait bien mieux partir, mais j'ignorais le départ de nos gens. Nos maîtres et moi, nous voilà endormis dans le sein des brigands. Hélas ! que deviendrons-nous tous trois, quand il sera jour ? (1).

Je me lève au grand jour, je prends mon étrille pour étriller mes chevaux. Le prince était sur la porte de l'écurie. En me frappant sur l'épaule, il m'annonce que notre troupe est partie. Je prends mes selles pour seller mes chevaux. La selle me tombe des mains. L'épouvante s'empare de mes sangs. Je ne sais quoi faire, ni quoi devenir. Je veux courir après le prince pour lui demander où

---

(1) Jean Chatton ne nous dit pas ce que sont devenus ses deux officiers. Il est à supposer que, prévenus au dernier moment, ils purent partir avec leur demi-brigade, mais n'eurent pas le temps d'avertir leur ordonnance et d'emmener leurs chevaux. L'historique du 17e de ligne est muet à ce sujet et n'eût pas manqué de mentionner l'égorgement de ces deux officiers, si ce triste sort leur avait été infligé par les insurgés.

étaient messieurs les adjudants-majors. Je sors de l'écurie, je traverse la basse-cour. Je me trouve dans la rue. Je tire sur ma droite pour aller à ma porte cochère : elle était fermée. En me retournant, quel affreux spectacle se présente à mes yeux, Près de moi, une femme avec une hache à la main, comme une lionne quand on lui a pris ses petits; deux hommes avec chacun un fusil à la main, ils couraient en passant près de moi. Je tourne la face du côté du château. Ils m'ont sûrement pris pour le cocher du seigneur, ou que Dieu ait envoyé mon bon ange pour leur mettre un bandeau aux yeux, qu'ils ne m'ont pas reconnu pour français, car, s'ils m'avaient reconnu, j'étais immolé à l'instant. Il est bon de vous dire qu'à l'affaire que nous avons eue avec l'armée napolitaine, j'ai pris dans les caissons, une veste et un pantalon et un chapeau dont j'étais habillé. Sûrement, ils m'ont pris pour un des leurs.

Je rentre dans la basse-cour, je regarde derrière moi, de crainte qu'ils ne me suivent, mais je ne vois personne. J'entre à l'écurie, je me recommande à Dieu, qu'il veuille bien avoir pitié de moi. Je prends ma gourde, je bois un peu de vin pour me donner de la force. J'étais si faible, que je tombais presqu'en défaillance. Jugez dans quelle frayeur j'étais. Il n'y avait pas à balancer, il fallait bien chercher un lieu pour me soustraire aux yeux de ces brigands infernaux. Toutes les cloches de la ville sonnent le tocsin. Tout le peuple et les enfants faisaient un hurlement dans les rues. Je ne crois pas, si l'enfer était déchaîné, si damnés feraient une frayeur pareille.

Je vais dans la cour, je frappe à toutes les portes. Hélas ! elles sont toutes fermées. Je monte un escalier pour aller à la deuxième étage. Les portes, de même, sont fermées. Quoi faire ? Je monte au troisième. Toujours les portes fermées. Je mets mon dos à une porte pour l'enfoncer, mais je n'ai pas pu. Je ne pouvais monter sur le toit, car le dessus était voûté. Il m'a bien fallu faire pénitence dans ma position, devant ma porte, depuis neuf heures du matin jusqu'à dix heures du soir. A dix heures du matin, les paysans viennent dans la cour ; ils entrent dans l'écurie, prennent mes chevaux. Il y en avait un qui était méchant, il commence à ruer. Ils ne font ni une ni deux, ils l'ont tué à coups de fusil pour décharger leur colère, puisqu'ils ne trouvaient pas les hommes.

Ils prennent mon porte-manteau, ils partent de la cour et ils s'en vont dans les rues en criant et en faisant un tintamarre diabolique. A midi, ils reviennent dans la cour et dans le château. Ils brisent, ils enfoncent les portes, faisant semblant de chercher les Français dans les maisons. Ils sont entrés dans la cave pour y boire le vin.

Les voilà qui montent les escaliers en

criant et hurlant comme des loups. Moi, je me jette à deux genoux, croyant recevoir le coup de mort, je me recommande à Dieu. Je tire mon stylet de ma poche pour me l'enfoncer dans le cœur, prêt à lancer le coup. Un rayon de lumière, enfin, vint me frapper aux yeux. Une main invisible vint retenir la mienne, prête à me frapper moi-même (1). Le stylet me tombe de la main. Les paysans se sauvent, descendent les escaliers comme si l'ange exterminateur était après leurs trousses pour les faire descendre en enfer après les avoir exterminés.

Depuis ce moment, je n'ai plus vu ni

---

(1) Pendant la campagne de Naples, qui fut pour les Français une véritable petite guerre d'Espagne sous le rapport des atrocités et des actes de barbarie, beaucoup de nos soldats, traînards ou prisonniers, se tuaient plutôt que de tomber vivants entre les mains des Napolitains.

La narration de Jean Chatton est très complète; il est curieux de voir combien le soldat garda le souvenir vivace des angoisses cruelles qu'il eût à supporter!

entendu de brigands. J'ai fait ma pénitence jusqu'au soir, sans boire ni manger.

A dix heures du soir, je fais mes préparatifs pour sortir de ma retraite. Je coupe mes bottes en souliers pour aller jambes nues comme les paysans. Je mets une bonne botte de foin sur mes épaules pour me faire une bosse. Je prends, en passant dans la cour, une trique de fagot, en cas, si quelqu'un m'attaquait, que je puisse en tuer un auparavant qu'il me tue.

Je pars dans cet équipage, je traverse la rue pour me rendre au rempart, passant près des paysans. En vue, ils me souhaitent le bonsoir : « Bono cero ». Je réponds : « Bona cera ». S'ils m'avaient reconnu, soyez sûrs qu'ils ne m'auraient pas souhaité un bonsoir de bouche. Cela aurait été plutôt un bonsoir d'un coup de stylet dans le ventre.

Après avoir traversé la ville, me voilà dans un parterre qui bordait le rempart. Je cherche un endroit propice pour sauter en bas. Mais hélas ! j'étais trop haut ! Comme j'ai remarqué, il avait bien trente ou quarante pieds de hauteur. Je me dis : tu as échappé jusqu'à présent pour te tuer en sautant en bas de ce rempart. Je sors de mon enclos, je guide mes pas du côté de la porte de la ville qui était fermée, croyant descendre et monter après les jambages (1). Que vois-je au clair de lune ? Un paysan endormi proche de la porte, avec un fusil entre ses bras, auprès de la muraille. J'ai eu envie de le tuer d'un coup de pierre, mais j'ai eu peur de le manquer, car, si je l'avais manqué, qu'il eût crié, j'étais un homme mort.

Quand on est seul, on tire bien des conseils, mais ils ne sont pas toujours bons (2).

---

(1) Croyant pouvoir escalader la porte en se servant de ses montants.

(2) Les réflexions de Jean Chatton et ses observations prouvent qu'il était très sage et très réfléchi : son caractère bien trempé, son esprit finaud de paysan lorrain lui per-

Je rentre dans mon parterre. Il fallut bien me décider à me tuer en sautant ou mourir dans mon parterre quand il aurait fait jour. Mon parti était pris, je monte sur le rempart. Je jette mes pieds de l'autre côté de la muraille ; je m'accroche à la muraille avec mes mains. Je me laisse ainsi tomber en bas. Je tombais sur mes pieds, je retombais à l'envers, c'est-à-dire sur le dos. Ma tête, ma pauvre tête, frappe la terre. Je vois la lune, les étoiles, le ciel qui tournent, je ferme les yeux ; me voilà sans connaissance.

J'avais sauté à dix heures du soir, je m'en ai relevé que vers les deux heures du matin.

C'était le 7 janvier 1798 (1).

Je me lève tout cassé, mes jambes ne veu-

---

mirent de sortir bien souvent de passes terribles où d'autres auraient certainement perdu la tête.

(1) Jean Chatton commet ici une erreur de date ; elle provient certainement d'un *lapsus calami*. C'est le 17 janvier 1799 qu'il a voulu écrire, car c'est la date historique de l'affaire de Benavente.

lent pas me porter. Je retombe sur mon séant, je reprends un peu. Les larmes me tombent des yeux. Je me dis : il faut donc que je meure ici. Je me traîne sur mes mains et sur mes genoux, dans la vigne qui était proche de moi. Comme c'était pleine lune, le temps était clair. Je prends un pesseau (1), je me lève, je m'en sers comme d'une crôsse. Je marche pour prendre la route que nos gens avaient pris. Une grande rivière se trouve devant moi ; il fallut bien me jeter dedans pour la passer. Elle était très rapide, a fallu presque me noyer. J'y allais jusqu'à la ceinture. L'eau me sautait jusqu'à sur l'épaule. Sans mon grand pesseau, l'eau m'aurait entraîné, c'était fait de moi. Je marche tout mouillé. La glace prend après mes habits ; jugez, au 7 janvier, quelle froideur qu'il fait en cette saison. Après

(1) Pesseau, mot lorrain qui, en patois, signifie une latte, un support de vigne, un petit échalas.

avoir bien marché, je trouve une autre rivière comme ce serait le canal de Domjevin, qui était profonde. Quel obstacle! J'ai suivi le canal. Par bonheur, je trouve une petite maison. Il y avait une échelle et une planche dessus la rivière. J'y passe à bas bruit, en me sauvant. La lune allait se coucher et le soleil se lever, et moi encore proche de la ville et loin de la montagne pour m'y cacher pendant la journée.

Je marche, muni de gros cailloux dans mes poches pour assommer un paysan, en cas qu'il vienne après moi pour m'attaquer. A huit heures du matin, je suis rencontré en montant une grande hauteur, suivant ma route, par un brigand. Il m'a regardé, il était d'un côté de la route et moi de l'autre. Il traverse la route, il vient à moi, il me dit en langue italienne : « Tu es Français ? ». Moi, je lui réponds dans la langue italienne . « Non ; io sommo soldato italiano canonico (je suis soldat italien et canonnier). — Où vas-tu? qu'il me dit. — Je lui réponds : Je vais chez moi (i andoto a casa mia). — Tu es Français, tu as la chair trop blanche. Retourne à la ville avec moi, ou sinon je te tue! (1) ».

Un autre vieux paysan arrive. Il le fait passer devant moi avec une pierre à la main, et moi entre deux, comme Notre Seigneur entre deux larrons.

Le gros brigand était armé d'une carabine, deux pistolets à sa ceinture. Moi, je lui dis que je ne voulais plus marcher, que j'aimais autant mourir ici que d'aller mourir à la ville. Il me prend par le manteau, il me l'arrache de dessus le dos. Il me fait mettre

(1) Jean Chatton parlait l'italien, mais il faut avouer que cet italien de cuisine n'était pas fait pour l'aider à cacher sa nationalité que décelait, d'ailleurs, la blancheur relative de sa peau. On voit aussi que la vieille et antique coutume de qualifier les Français par la blancheur de leur peau persistait encore en Italie après bien des siècles. N'était-ce pas en effet au cri de : Voilà les blancs! que lors du Tumultus Gallicus, les Romains s'armaient pour repousser les invasions gauloises?

bas mon habit, mon gilet, mes souliers ; il me demande mon argent, ma montre (1).

Je dépose tout devant lui. Je croyais qu'il allait ramasser tout ce que je lui avais déposé devant lui. S'il l'avait ramassé, j'avais trois cailloux dans mon gousset, sitôt qu'il s'aurait baissé, je l'aurais assommé ; je ne risquais plus rien, puisqu'il me fallait mourir.

Il arme sa carabine pour me tuer. Sitôt que je vois armer son arme, je saute dans le fossé, je me sauve en descendant, faisant toujours des crochets. Il tire ; il me manque. La balle saute à deux pas de moi. Il crie : « Que l'on m'attrape ce Français ! ».

Les paysans étaient à travailler aux vignes. Ils courent après moi ; me voilà entouré de tous côtés ; me voilà encore pris une fois. Passant près d'une petite maison, il en sort deux paysans et une femme. Je suivais une petite haie vive. Deux paysans courent, me

(1) Jean Chatton donne sa montre pour la première fois.

barrent le chemin, avec chacun un fusil. L'autre vient droit devant moi, me lance un coup de barre sur la tête pour m'assommer. J'oblique à gauche, il me manque ; il redouble, j'en fais autant. Sans la haie, il m'aurait tué du premier coup. Un autre, sur la gauche, s'avançait à pas de géant, tenant une fouine à trois fourchons, prêt à me l'enfoncer dans le côté.

Je m'élance devant ceux qui étaient devant moi avec leurs fusils, je me jette à deux genoux, je tire ma cravate de mon gousset, je me bande les yeux (1). Je jette un cri en réclamant mon Dieu et sa sainte mère la Vierge Marie en langue italienne. Cette pauvre femme avait passé la haie, vient sur moi, me tire le mouchoir qui me servait de bandeau aux yeux. En me relevant, elle dit :

(1) C'est là un geste de militaire qui va être fusillé. Par sentiment d'humanité, on bande en effet les yeux des soldats qui doivent être passés par les armes.

Je lui réponds : « Io sommo soldato italiano canonico » (je suis soldat italien et canonnier).

« Ce Français est chrétien comme nous autres, je ne veux pas qu'on le tue ».

C'est que j'avais un scapulaire pendu à mon cou ; cette bonne femme l'a vu. C'est pour cela qu'elle m'a pris pour un bon chrétien (1).

Elle m'emmène dans sa petite maison. Sitôt que j'y fus arrivé, plus de trente, tant hommes que femmes, enfants, ont venu voir le pauvre prisonnier. Les voilà à se disputer ma mort entre eux, mais les femmes, les braves femmes, se jetaient après eux pour les empêcher de me tuer. Il en vint un haut comme un arbre, un gros bâton à la main, disant en entrant : « Où est-il, le coquin de Français, que je le tue ? Les Français, ils

(1) Jean Chatton est récompensé de sa foi profonde. N'est-il pas touchant, en effet, de voir ce soldat qui a guerroyé en guenilles en Belgique, en Hollande, en Alsace, dans le Palatinat, en Bavière, en Suisse et en Italie, conserver précieusement, à travers toutes les vicissitudes auxquelles il fut soumis, le talisman protecteur que sa mère lui attacha au cou en quittant le toit paternel.

m'ont pillé ma maison, lâché mon vin, enfin, tout cassé, violé mes filles, il faut absolument que je le tue ! ».

Les pauvres femmes se jettent après lui plus de dix, elles le désarment. Enfin, il s'apaise comme les autres. J'avais si chaud, si soif, je demande à boire.

Une femme de la société part dans sa maison voisine, elle m'apporte du vin dans une cruche. Elle me l'a présenté en me disant : « Buvez, pauvre Français ! ». Je bois sûrement un bon coup. D'après toutes ces menées, ils tiennent conseil pour voir ce qu'ils feraient de moi. Il fut délibéré qu'ils m'allaient mener à la ville de Monte-Sarte, au gouverneur de la ville. Là, que l'on me jugerait (1).

Quatre paysans m'ont emmené. Comme j'étais presque nu, je tremblais de froid, à cause que j'avais eu chaud en courant, je tremblais. L'un des paysans me jette son manteau sur mes épaules, un autre me

(1) Monte-Sarte se trouvait à peu près à moitié route de Caserte à Benavente. Notre fugitif avait été sur le point d'atteindre l'Apennin et de franchir les Fourches Caudines, quand il fut arrêté par les brigands, comme il les appelle. La remise du prisonnier entre les mains du gouverneur d'une ville, dans le voisinage de la campagne tenue par l'armée française, allait être le salut pour le malheureux.

couvre la tête de son bonnet. Je suis, entre leurs quatre, emmené en ville.

Auparavant d'arriver au gouverneur, il me fallut encore faire une petite pénitence. Il y avait beaucoup de jeunes galopins sur la place, en entrant en ville, qui jouaient à la balle. Ils viennent après moi. Un me tire par les cheveux, les autres me donnent des coups de pied au derrière ; un autre m'applique un coup de poing dans l'estomac en m'injuriant que j'étais bon à tuer, que j'étais bien gras, il me renverse, comme je n'étais guère fort dans ce moment-là.

Arrivé devant la belle et grande maison du gouverneur, il était à la croisée, en veste à manches blanches de flanelles. Il m'appelle de la main en me disant : « Voici un Français ; venez, citoyen français ».

Moi, comme j'étais résolu de mourir : bah ! bah ! Tu m'appelles pour me faire mourir avec d'autres de mes camarades que tu tiens dans ta prison.

Il envoie un de ses laquais m'attendre sur le premier escalier. En me voyant aussi débile et aussi languissant, il me prend par la main et il me tire. Je lui dis : « Un moment, si l'on a déjeuné, moi je n'ai rien dans le ventre ».

Le gouverneur, qui m'attendait sur la porte de sa chambre, il me dit : « Vous êtes Français ? Je lui réponds : — Oui, Monsieur, mais je ne le serai pas longtemps. Il me répond : « N'ayez pas peur, vous êtes en lieu de sûreté ! »

Il me fait asseoir vis-à-vis de deux jolies demoiselles.

Dans tout autre occasion, j'aurais eu un beau caprice pour elles. Monsieur m'interroge sur ma naissance, mon lieu, ma demeure et mon pays. Je lui dis que j'étais fils d'un émigré du village de Bénaménil, que mon père était en Autriche, et moi, que j'avais entré au service d'un commandant, que j'avais été pris par les paysans, que j'avais eu les yeux bandés, prêt à être fusillé (1).

« Ah ! les gueux ! », dit-il.

Comme il parlait bon français, il me demande si je savais parler la langue italienne. Je lui réponds que non ; il racontait tout ce que je lui disais à ces belles demoiselles et à deux de ses amis qui étaient avec lui, en langue italienne. Et moi, je comprenais tout. Il me dit : « Il me paraît que vous êtes un enfant bien élevé ». Il me fait lire et écrire. En voyant mon écriture, il dit : « C'est bien. Je peux vous faire grâce, et, en même temps, vous faire condamner à mort. Mais non, j'ai pitié de vous, parce que j'aime les Français, et que mes deux filles me demandent grâce pour vous ».

---

(1) M. de Bénaménil, seigneur du village de Bénaménil qui touche Domjevin, patrie de Chatton, avait en effet émigré en Autriche. Jean Chatton, en se faisant passer pour son fils, espérait attendrir le gouverneur et se faire prendre pour un personnage important.

Moi, je jette un regard attendri sur ces demoiselles, et, en même temps, les larmes tombent de mes yeux. Je me jette à genoux devant ces aimables demoiselles, voulant baiser le bas de leurs robes. Une de ces aimables enfants se prend à pleurer, en me pressant par la main pour me relever. Je me relève en les remerciant de la bonté qu'elles avaient pour moi. Leur cher papa me demande si je voulais déjeuner. Comme il n'était que dix heures du matin, je lui dis que j'acceptais son déjeuner, qu'il y avait trente-huit heures que je n'avais pas mangé, que je mangerai un peu, que cela pourrait me remettre d'avoir tant souffert.

On m'apporte des œufs cuits dans la cocote (quoquotte) (1) avec de la saucisse coupée par tranches, avec une bonne bouteille de vin.

---

(1) Expression lorraine qui signifie : œufs cuits sur le plat.

Les paysans étaient sur la place, faisant des hurlements épouvantables. Je crois qu'ils m'attendaient pour me voir mourir. J'ai eu la curiosité de les regarder par la fenêtre. Il me dit : « Citoyen français, retirez-vous, car vous savez, dans les émeutes, il n'y a pas de loi, ni de commandement, ni de respect pour personne ». Je lui fais bien mes excuses de l'impertinence que j'ai eue. Bref, je déjeune, et, pendant mon déjeuner, il commande à son cocher d'apprêter son carrosse et d'y mettre quatre chevaux, un postillon devant et un derrière.

Comme je n'avais que ma chemise et mon pantalon, Monsieur me fait donner une de ses vestes de nankin, un gilet, un chapeau, une paire d'escarpins. Il me fait réhabiller, et me fait ma queue lui-même.

Le cocher arrive, son chapeau à la main, et dit : « Il cavalo somo preto (les chevaux sont prêts) ».

Il me dit : « Citoyen français, il vous faut

partir ; je veux vous conduire à Caserte, là où sont les Français ».

Ces aimables filles me voyant partir, elles m'ont demandé la permission de me serrer la main. Ho ! messieurs, mesdames, qui lisez l'aventure de ma captivité, ah ! quelle impression que des si douces mains ont fait sur mon cœur. Si j'avais osé, oui..., mais...

Je leur souhaite toutes sortes de bonheur en les quittant ; ce ne fut pas sans verser des larmes. J'aurais voulu être aussi riche que le roi, j'en aurais épousé une pour l'aimer et chérir le durant de ma vie.

Je n'aurais fait que mon devoir d'aimer celles qui devenaient d'intercéder pour me sauver la vie (1).

Monsieur le gouverneur de la ville de Monte-Sarte et deux de ses amis et moi, montent en carrosse. Nous partons au galop,

(1) Jean Chatton avait la reconnaissance du cœur, c'était un galant soldat, oui..... mais..... le temps pressait, il fallait partir.

passant sur la place, au milieu de plus de 200 personnes qui criaient : « Le voleur de Français, le voilà qui est échappé ! ». Nous avons traversé une petite plaine qui était remplie de paysans morts depuis deux jours, que nos gens avaient tué. C'étaient ces brigands de Benavente, la ville que j'ai fait pénitence sur les escaliers depuis neuf heures du matin jusqu'à dix heures du soir (1).

Ils couraient après nos gens pour leur

---

(1) Jean Chatton fait ici le récit du combat que la 17e demi-brigade eut à livrer au retour de Benavente, pour repasser le défilé des Fourches Caudines. Ce récit, il le tint de ses camarades quand il les rejoignit à Caserte, il est conforme à celui qu'en fait le général baron Thiébault dans ses *Mémoires*. Voici, au surplus, comment s'exprime l'historique du 17e de ligne à ce sujet : « Au retour, il fallut user de ruse pour s'ouvrir le même défilé. Broussier fait coucher le 2e bataillon dans un fossé couvert par un épais buisson, puis, il ordonne à un détachement du 7e chasseurs (36 hommes) d'attaquer et de simuler une fuite ; ce stratagème réussit complètement.

« L'ennemi se lance à la poursuite avec de grands cris, tombe sous le feu du bataillon embusqué, pendant que Broussier le charge et le met en déroute avec les troupes qu'il avait en réserve. »

reprendre le trésor qu'ils emmenaient. Les Français, voyant venir les brigands, ils ont fait embusquer un bataillon derrière une haie verte, à terre. Nos deux autres bataillons se sauvent en avant, en retraite. Les paysans à courir, croyant déjà tenir nos gens. Tout d'un coup, quand ils eurent dépassé le bataillon qui était embusqué, il se lève, chargeant à la baïonnette dessus ces coquins-là. Les deux autres bataillons font demi-tour. Les brigands sont pris entre deux feux. Ils tuent, ils crèvent tout ce qui se trouve dans leurs mains. De 7,000, il n'en a réchappé que 2,000 qui ont gagné la montagne. Si bien que la plaine était couverte de corps morts, et ils ont tout de suite descendu dans le royaume de Pluton.

Mon bon gouverneur, après cinq lieues de chemin, il me dépose aux premiers postes de nos braves Français. En m'embrassant, il me donne un au revoir et me souhaite toutes sortes de bonheur, et moi, je lui en fais autant.

Voilà, par la grâce de Dieu, ma délivrance et ma pénitence faite pour le moment.

CHAPITRE IV

La conquête de la Pouille et la retraite de l'Armée de Naples

Prise de Naples. — Malade. — Un remède de bonne femme. — Une double ruade. — Les étapes en boitant. — Foggia. — Un massacre de brigands. — Le général Schérer. — La retraite sur Plaisance. — Capoue. — Désespoir des blessés abandonnés. — La retraite de Macdonald. — Combat d'Isola. — Bataille de la Trébie (18 au 20 juin 1799). — La 17e demi-brigade soutient la retraite.

De là, je fus au siège de la ville de Naples. On s'est battu dans tous les faubourgs; tous les bourgeois étaient barricadés dans leurs maisons: On enfonçait les portes, on tuait tous ceux qui avaient les armes en main et brûlait les maisons pour les mieux attraper (1).

Le lendemain, la ville se rend aux Fran-

(1) Le 20 janvier, Jean Chatton arrivait à Caserte pour en repartir avec sa demi-brigade qui prit une part active à l'assaut de Naples le 22 janvier. Depuis son départ de Caserte, le 16 janvier, la 17e demi-brigade avait marché, sans discontinuer, de Caserte sur Benavente, de Benavente sur Caserte, et de cette dernière ville sur Naples où elle arrivait assez à temps pour dégager la division Duhesme, entourée pendant la nuit du 22 par des bandes nombreuses de lazzaronis qui défendaient furieusement leur ville.

çais. De là, nous avons été dans la Pouille (1). Moi, au bout de quelques jours, je deviens si blanc, si maigre, point d'appétit, un furieux point de côté qui me coupait la respiration. Je ne pouvais reposer ni dormir la nuit. Un bon bourgeois dont j'étais logé chez lui, me voyant malade et souffrant, me demande quelle maladie que j'avais. Je lui fais le détail de ma misère : il me tue trois pigeons, l'un après l'autre, que j'applique par son ordre tout vivants, remplis de sang et tout chauds sur le point de côté. Le lendemain le sang caillé se détache. Je crache des

---

(1) Le 23 janvier, Naples tombait au pouvoir de Championnet. Une fois maître de Naples, Championnet, après avoir institué la République parthénopéenne, ne voulut pas rester inactif; il lui importait au plus haut point de renouer ses communications avec les Abruzzes et de s'assurer de la possession de la riche province de la Pouille qui était le grenier de Naples, et dont il avait besoin pour en tirer les subsistances nécessaires à son armée. Ce fut la division Duhesme, dont faisait partie la 17e demi-brigade, qui fut chargée des opérations dans la Pouille. Elle partait de Naples le 19 février 1798.

morceaux de sang comme des grosses noisettes. L'appétit me revient peu à peu, au bout de quelques jours (1).

Pour comble de bonheur, je reçois une ruade de deux coups de pied sur les deux reins : je fus renversé et assommé sur place. Jugez quel contre-temps pour moi, après déjà tant eu de malheurs auparavant, je me dis : il faudra donc laisser mes os en Italie. Quand il a fallu partir le lendemain, pas pouvoir marcher, ni me tenir à cheval. Quoi faire? Quoi devenir? Rester entre les mains des brigands, c'était fait de moi, car tous nos pauvres blessés ou malades qu'on laissait dans des petites ambulances, sitôt nos troupes parties, on les assommait ou on les brûlait.

(1) C'est avant de partir de Naples que Jean Chatton eut l'occasion d'expérimenter ce remède de bonne femme que nous voyons encore prôner de nos jours en France par des empiriques de village, pour les méningites et autres maladies inflammatoires.

Je prends deux bâtons, je me traîne comme je peux en suivant mon bataillon. Arrivé dans la ville capitale de la Pouille, nommée Foggia San Viâ (1)? Située dans une belle plaine, il vient un espion qui a rapporté à notre général (Championnet), qu'il y avait un rassemblement de brigands au nombre de 5,000 à Foggia. Nous allons après, nous n'étions plus que 1200 hommes pour nos trois bataillons. On les attaque, on les culbute, on tue. Ils se mettent dans leurs maisons, ils se barricadent. On enfonce les portes, on tue, on hache tout ce que l'on rencontre sous nos mains. J'en ai compté dans les chambres jusqu'à trente tués (2). De là,

---

(1) Partie de Naples le 19 février 1799, la 17e demi-brigade arriva à Foggia le 23 février avec la division Duhesme.

(2) La division Duhesme attaqua et dispersa à San-Severo, vers le 20 mars, 10,000 hommes de l'armée coalisée de la Pouille et des Abruzzes, véritable ramassis de brigands dans lequel on comptait même, dit Thiébault, un corps de galériens dont le roi de Naples avait fait briser les fers avant son départ pour la Sicile. 3,000 Français seulement enlevèrent

nous allons attaquer les rassemblements de paysans de la Calabre, nous avons perdu beaucoup de monde sans pouvoir nous enfoncer dans des monceaux de montagnes.

Le général Schérer nous trahissait en Italie (1). Les Russes et les Autrichiens nous coupaient le chemin, proche de Plaisance, de l'autre côté du Pô, grande rivière. Nous avons battu en retraite pendant six semaines. C'était au mois d'août, nous battons en retraite de la Calabre jusqu'au Pô, proche de Plaisance, jour et nuit, sans nous reposer.

---

la ville énergiquement défendue par les brigands fanatisés par le clergé. Le 22 mars, la 17e demi-brigade assista encore à la prise d'Andria.

(1) Le 28 février, le général Schérer, ministre de la guerre, enlevait au général Championnet le commandement en chef de l'armée de Naples, qu'il remettait à Macdonald, en ordonnant à ce dernier de rassembler toutes ses troupes et de se replier sur l'armée d'Italie, en Lombardie. C'était au moment où on était victorieux dans la Pouille, que la division Duhesme recevait l'ordre de battre en retraite sur Naples. Aussi, comprend-on la véhémente appréciation de Jean Chatton qui, comme tous les soldats de l'armée de Naples, adorait Championnet.

Nous étions à l'arrière-garde pour soutenir la retraite (1).

En passant dans la ville de Capoue, nos pauvres blessés et nos malades qui étaient à l'hôpital, quand ils ont su que nous quittions le pays, les pauvres malheureux descendaient les escaliers, la tête en bas. Cela faisait pitié de voir comme ces malheureux se lamentaient. Nous ne fîmes pas une lieue qu'ils étaient assommés et brûlés. Une grande quantité nous suivait, tout languissants ; ils tombaient sans se pouvoir relever, aussitôt ils étaient tués par les paysans. Il paraît qu'ils avaient juré de massacrer toute notre armée (2). Nous ne trouvions ni paysans dans

---

(1) A partir du 7 mai, l'armée de Naples commença sa retraite sur la Lombardie; la 17e demi-brigade passa par la Calabre, au milieu d'un pays dévasté, entourée, comme tous les corps de l'armée, par des troupes de paysans insurgés qui lui faisaient une guerre de partisans acharnée, pillant, brûlant tout, massacrant nos blessés et nos traînards.

(2) Nous ne pouvons nous empêcher de reproduire ici l'épisode que raconte le général baron Thiébault dans ses *Mémoires* et qui montre à quelles extrémités en étaient

bourgs, ni villages, ni chevaux, ni charrettes pour transporter nos pauvres malades, car ils avaient tout sauvé ce qu'ils avaient dans les montagnes. Il y avait deux petits corps

---

réduits nos malheureux blessés quand l'armée était obligée de les abandonner dans les villes, faute de moyens de transport.

« Parti de Chieti le 12 février, j'étais arrivé le 13 à Sulmona, et j'y avais à peine pourvu au placement, au service et aux besoins de mes troupes, lorsqu'un sergent de grenadiers, blessé et marchant avec des béquilles, fut introduit chez moi et me dit d'un ton calme, mais ferme : « Mon général, je viens en mon nom, comme au nom de soixante de mes camarades, presque tous de la 2e division, blessés à Popoli et laissés ici, vous prier de nous faire fusiller. — Qu'est-ce que vous me dites donc? m'écriai-je. — Mon général, reprit-il, nous sommes hors d'état de marcher; il n'existe dans ce pays aucune voiture; notre général (Lemoine) n'a pu nous emmener; les généraux qui l'ont suivi (Duhesme, Rusca, Monnier), n'ont pas trouvé plus de moyens que lui. Nous devons donc croire notre évacuation impossible, et comme après votre départ les insurgés rentreront dans la ville et nous feront mourir dans les tortures, nous vous prions, au nom de l'humanité, de nous faire fusiller. — Sergent, lui répondis-je, en lui saisissant le bras, retournez auprès de vos camarades; portez-leur ma parole d'honneur que je les emmènerai tous et dites-leur que je les verrai avant la nuit. »

Et de fait, le général Thiébault tint parole, il réquisitionna des porteurs et emmena les malheureux blessés.

d'armée devant nous, qui pillaient et brisaient tout ce qu'ils trouvaient devant eux. Nous autres, nous ne trouvions rien à manger. Il nous fallait marcher sans vivres. Nous avons fait trois jours de marche sans voir aucune personne dans ville, ni village. Passé trois jours, nous les avons retrouvés à Isola, petite ville bien forte.

Là, 14,000 brigands nous attendaient, croyant bien nous tous prendre (1). Il y avait une grande rivière, ils nous disputaient le passage. Nous avons fait nos préparatifs pendant trois jours pour passer la rivière. A deux heures du matin, nous culbutons tout ce qui se présente devant nous, nous prenons la ville, on tue tout : hommes, femmes et en-

---

(1) Le 12 mai, l'armée de Naples trouve la route barrée à Isola, sur le Garigliano ; un combat sanglant dut être livré, par nos soldats, de dix heures du matin à deux heures de l'après-midi. Le 24 mai, l'armée arrivait à Sienne, le 27 à Florence. Le 12 juin, elle était obligée de s'emparer de Modène. Macdonald se dirigeait de là sur Plaisance pour passer le Pô et tendre la main à Moreau.

C'était notre demi-brigade qui soutenait la retraite.

fants. On met la ville au pillage et puis on met le feu aux quatre coins de la ville et nous partons. A force de marcher, nous arrivons devant la citadelle de Plaisance. Les Russes et Autrichiens nous disputent le passage (1).

---

(1) Du 18 au 20 juin 1799, la 17e demi-brigade assiste à la sanglante bataille de la Trébie. Voici comment l'Historique du 17e de ligne relate son rôle glorieux après cette bataille de trois jours.

« Le 20 juin, le général Souwarof se met à la poursuite de Macdonald. C'est la 17e demi-brigade qui forme l'arrière-garde; elle s'établit fortement à San-Giorgio et résiste à l'ennemi jusqu'à ce que les autres troupes aient eu le temps de défiler. Cette longue résistance lui devient fatale; les Russes se jettent entre elle et le reste de la division qui avait gagné du terrain; la 17e demi-brigade se défend avec une bravoure qui fait l'admiration de Souwarof lui-même. Accablée par le nombre, elle se voit forcée de mettre bas les armes. C'était la première fois que la fortune trahissait le courage de nos soldats; la 17e fut faite prisonnière; mais avant de se rendre, elle avait brûlé ses drapeaux; son honneur était sauf, car elle avait sauvé le reste de l'armée. »

Au début de cette campagne de 1799, elle comptait à son effectif 1878 hommes; il ne lui en restait plus que 426.

Aussi, malgré ses malheurs, fut-elle citée à l'ordre de l'armée pour sa belle conduite.

Échappé avec 17 de ses camarades des mains de l'ennemi, Chatton se jeta dans la montagne de Gênes, où il parvint bientôt, et fut maintenu sans doute à un dépôt d'isolés.

Nous nous avons battu à deux heures après-midi pendant trois jours, sans pouvoir passer. Le champ de bataille était jonché de corps morts et blessés. Nous battons en retraite le troisième jour. Nous étions trahis, comme j'en ai fait mention ci-devant, par le traître Schérer. Nous devions partir à deux heures du matin, nous n'eûmes l'ordre de partir qu'à neuf heures. A deux heures après-midi, l'ennemi nous bloque de toutes parts, nous prend vingt-deux bouches à feu, la moitié de notre petite armée, notre demi-brigade qui soutenait la retraite. Les Russes chargent à la baïonnette dessus nous, ils nous tuent la moitié de nos gens et prennent le reste. Nous nous sommes sauvés dix-sept, d'entre les mains des Russes. Voilà presque tout notre armée détruite, ils nous ont pris plus de 400 voitures et tous nos canons, sans en réchapper un seul. Voici notre belle armée de Naples détruite.

CHAPITRE V

Le siège de Gênes

La rentrée en France — La libération

Gênes. — Bloqués. — Les misères du siège. — Nous nous retrouvons sept pays à Gênes. — Masséna capitule avec les honneurs de la guerre. — Dévalisé par des barbets. — Marengo. — Licencié. — Retour en France. — Dépouillé par les médecins. — Retour au régiment. — Nantes. — La carotte. — Belle-Isle-en-Mer. — Libéré par congé de réforme. — Actions de grâces et recettes.

ous voilà jetés dans les montagnes de Gênes, comme des lièvres. Nous battons en retraite jusque dans la ville de Gênes. Nous y passons l'hiver, le plus souvent sans pain, que d'avoir du pain.

Après Pâques, nous voilà bloqués par les Autrichiens et les Napolitains par terre, les Anglais par mer (1). Nous voilà bloqués pendant huit mois. C'est à ce blocus que nous avons tenu compagnie à la misère. Dans toutes les guerres que les Français ont faites,

---

(1) Les détails donnés par Jean Chatton, sur les misères endurées au siège de Gênes, sont encore bien au-dessous de la réalité. Notre volontaire de 92 dut faire partie d'un bataillon provisoire, car la 17e demi-brigade qui avait été rendue par l'ennemi en raison de sa belle conduite à San-Giorgio était rentrée en France depuis le 3 janvier 1800.

il n'y a pas eu de blocus pour y être aussi malheureux que celui de la grande ville de Gênes. Nous étions 24,000 hommes, il n'en est sorti que 8,000. Nous étions cinq garçons de Domjevin. On a mangé presque tous les chevaux de la garnison, on a tout mangé, fèves, haricots, dragios? (dragées) chocolats. On mettait tout en réquisition pour nourrir les troupes; on nous faisait du pain avec du sang, de la paille hachée, pétrie avec du sang des chevaux, du chocolat pour lui donner du goût (1).

J'ai acheté plusieurs fois quatre oignons

---

(1) Voici ce qu'on a dit au sujet de la fabrication du pain de troupe dans le *Journal des opérations du siège de Gênes :* « A cet effet, Masséna fait ramasser tout ce qui se trouvait en amandes, en graine de lin, en amidon, en son, en avoine sauvage et en cacao; et, amalgamant le tout, il en fit faire une composition que l'on donna au lieu de pain. Il est impossible de rien imaginer de plus dégoûtant que cette nourriture que la difficulté de sa manutention achevait de rendre exécrable, qui n'était qu'un mastic pesant, noir, amer, et qui était tellement imbibé par l'huile de cacao et de lin, qu'il n'avait aucune consistance et n'était susceptible d'aucune cuisson. »

gros comme des noisettes pour quatre sous. Sans une chopine qu'on vous donnait soir et matin, aurait fallu mourir de faim. La peste était dans les hôpitaux. Les drapeaux noirs étaient aux quatre coins de la ville. On a fait nombre de 30,000 bourgeois, femmes et enfants morts de faim et de la peste.

Après le blocus qui a duré huit mois, nous ne sommes sortis que 8,000. Jamais on n'a vu de blocus pour avoir vu et entendu dire tant de misère. Nous étions moi, J. Chatton, Jean Levreau, Jean-Joseph Carrière, François Chatton, tonnelier, Claude Mengin, Stanislas Thiéry, François Mélice de Lunéville, nous croyions tous mourir dans Gênes.

Enfin, notre général, Masséna, a capitulé avec les honneurs de la guerre, de là, nous allons à Milan. Nous partons de Milan pour revenir à Gênes. De là, nous partons pour aller à Nice, à quarante lieues de Gênes. Nous étions auprès de la petite ville de Savone, nous avons été rencontrés par quatorze barbets ou quatorze brigands du Piémont (1). Ils nous somment de leur donner ce que nous avions sur nous ; que seulement celui d'entre nous cinq que nous étions, celui qui cacherait un sou, serait fusillé sur la place. Nous leur donnons, or, argent, montres, boucles d'oreilles et nos porte-manteaux (2).

Comme vous le voyez, j'ai été pris par les brigands deux fois et dévalisé et presque nu ;

---

(1) Depuis quelques années des révoltés et des irréguliers tenaient la campagne et attaquaient les isolés, les petits convois de troupe et les voyageurs non escortés par une force suffisante. Dans son journal, le canonnier Bricard parle en ces termes, des barbets :

« Tous les militaires isolés arrivant dans cette ville étaient envoyés dans des dépôts, pour y être habillés et formés en détachement, pour rejoindre à Milan, car on ne pouvait traverser le Piémont sans courir les risques d'être attaqué par les barbets, brigands organisés, vivant de vols et d'assassinats, soutenus pour nuire à la correspondance de l'armée. »

(2) Jean Chatton perd sa montre pour la deuxième fois. Il n'avait réellement pas de veine, notre héros. Heureusement que grâce à la victoire de Marengo, la route de Gênes allait devenir libre. Et, comme isolé, Jean Chatton avait certainement dû passer momentanément dans un bataillon de dépôt provisoire pendant le reste de la campagne, car il alla tenir garnison à Milan et à Brescia, avant de rentrer en France.

belle réussite. Nous sommes retournés sur nos pas, à Gênes. De là, nous allons à Milan, nous y restons dix mois. Il est bon de vous faire savoir que quand nous avons sorti du blocus de la ville de Gênes, que la veille d'être débloqué, que Bonaparte est venu avec 50,000 hommes au milieu de la belle plaine de Marengo, derrière l'armée du général Melas, général autrichien. Les Autrichiens étaient 250,000 hommes ; Bonaparte a commencé la bataille à deux heures du matin. Elle a été gagnée seulement à quatre à cinq heures du soir. Bonaparte a pris le général et toute son armée, tout son canon. Enfin, pas un soldat n'a été réchappé, Melas a capitulé. Son armée et lui ont repassé l'Adige sans canons, ni bagages quelconques (1).

Je reviens à moi. Je suis licencié : je reviens en France. Arrivé chez ma mère, com-

---

(1) Voilà comment nos soldats racontaient entre eux la victoire de Marengo.

ment faire, n'y pouvant (1) rester au bout de quelques jours, comme n'ayant point de congé, il me fallut partir ; où aller? Je pars pour Metz. J'ai essayé d'avoir mon congé. J'ai dépensé cent cinquante francs en passant à la visite de ces voleurs de médecins ou des bouchers de chrétiens, quand ils m'ont eu dépouillé, ils m'ont laissé là. Je suis réduit sans le sou. Je vends ma montre (2).

Et puis je me mets à la garde de Dieu, mettant tout à lui ma confiance. Je pars ainsi, je vais à Luxembourg. Je reste vingt-deux mois. Nous partons pour aller à Nantes, en Bretagne. J'ai vu pour ce coup-là, qu'il me fallait jouer de la plus grande de mes finessés. Je commence à faire le malade,

---

(1) Jean Chatton dit qu'il est licencié. Probablement après la signature du traité de paix de Lunéville, en 1801, le corps de garnison auquel il était attaché fut-il licencié et il reçut l'ordre de rentrer à son ancien corps en France.

(2) Jean Chatton vend ou perd sa montre pour la troisième fois !

comme j'avais une hernie (1), j'ai joué mon rôle, parce que je voyais qu'il ne m'était pas possible de me retirer, aurait fallu que j'y meure. On ne donnait pas de congé absolu, il me fallait tâcher d'en avoir un de réforme (2).

Nous partons pour Vannes, port de mer de Bretagne, de là, nous avons embarqué pour aller à Belle-Isle-en-Mer à quinze lieues

---

(1) C'est probablement pour cela que Jean Chatton est si fort sur la manière de guérir les hernies, il nous en donne un moyen sûr de guérison à l'avant-dernière page de son cahier. *Recette pour les rompures d'enfants.*

(2) Le sort du pauvre volontaire de 1792, réquisitionnaire enlevé à son village depuis douze ans, et qui était obligé de tirer la carotte pour retourner chez lui après avoir payé largement sa dette à la patrie, a été défini d'une façon frappante par le général Foy quand il écrivait qu'à cette époque : « on entrait au service pour n'en plus sortir vivant ».

Le rusé Lorrain, le rude soldat, le vaillant Français qui avait guerroyé depuis douze ans, servi par une robuste nature, soutenu par une foi inébranlable, ne s'était jamais laissé abattre. Il a fait souche, le patriote de 1792. Son petit-fils, conseiller municipal de Baccarat porte avec orgueil la médaille coloniale et son arrière petit-fils est sous-officier dans un de nos beaux régiments d'infanterie en garnison à la frontière de l'Est.

de traversée. C'est une ville que Belle-Isle sur le bord de la mer. L'île n'a que deux lieues de tour, l'on n'y voit point de bois. Le bois qu'on y brûle, on l'amène de la Grande Terre. Là nous avons resté quinze jours sans vivres. Nous faisions la soupe avec du poisson et du hareng. Le poisson est si abondant qu'il se donne presque pour rien. Le cidre à six liards le pot : un si bon que le vin des côtes de Dombasle.

A force d'amis et d'argent que j'ai fait venir de mon pays, et ma bonne conduite envers mes chefs qui sont bien voulu employer pour moi, ainsi que mon brave sergent-major qui était de Haraucourt, dont nous nous qualifions de pays et d'amis, et notre brave chirurgien-major, nommé Levaet, j'ai été enfin délivré et sorti de l'esclavage. J'ai reçu mon congé à Lorient après avoir été débarqué. J'ai reçu ma feuille de route avec trois sous par lieue. En quittant, j'ai été regretté de tous mes camarades et ainsi que de mes braves chefs. Mais j'ai été bien aise d'être délivré de tant de misères corporelles.

Ainsi soit-il! Amen!

Si j'avais voulu écrire tous les tours et détours que j'ai fait et les traverses et les misères que j'ai essuyées, les froids, la faim, la nudité, ainsi que tant d'autres choses, il m'aurait bien fallu une main de papier; ce que j'ai écrit est sincère et véritable, sur ma parole la plus sacrée. Croyez amis, dans une guerre de trente ans, que nous avons faite, qu'il s'y est bien passé des maux et des biens, l'un a devenu riche, l'autre a devenu pauvre; l'autre a devenu estropié (1). Ainsi je ter-

---

(1) Rentré dans ses foyers, Jean Chatton a eu la douleur de voir sa patrie envahie par l'étranger, deux fois, en 1814 et en 1815. A cette époque, il s'était marié et était devenu père de famille. Il est à remarquer que dans son manuscrit, Chatton ne parle nullement de politique. Il a vu passer tour à tour la Royauté, la Révolution, l'Empire et la Royauté. Que lui importait peut-être d'être gouverné par Pierre ou Paul, pourvu

mine, car il y aurait trop de choses à vous compter.

Fait et copié par moi,

Jean CHATTON.

---

que la France fût grande et respectée. N'est-il pas, en effet, compatriote de ce vieux maître d'Igney près d'Avricourt, qui répondait quand on l'interrogeait sur ses préférences politiques : — Moi, j'aime mon pays, et je préfère un bon roi qu'une mauvaise république, et une bonne république qu'un mauvais roi.

J'ai reçu Mon congé à Rouen apais avoir Eté
débarquer j'ai reçu ma feuille de route avec trois sou
par lieu en quittant j'ai Eté régretter de tous mes
Camarades et ainsi que des mes Braves Chefs
mais j'ai tois Bien aisse d'Etre délivré de tous
de misere Corporet ainsi Soit il amen

Si j'avais Voulus Ecrire tous Les tours et Les détours
que j'ai fait est les traverser et Les Miseres que
j'ai Essuié, Les frois La faim La nudité ainsi
que tout d'autres Choses ils m'aurai Bien falu
une Main de papier ; a que j'ai Ecrit et
Sincere et Véritable Sur ma parole La plus Sacrée
Croyez ainsi Dans une Guerre de 30 ans que nous
avons fait parts Ty à Bien passée De
Maux et des Biens un à devenu Riche
L'autre a devenu perdre Santé a devenu Estropiés
ainsi je termine car ils y aurai trop de Choses
à vous Compté, fait Et Copié par Moi
Jean Chatton

Une page du Cahier de Chatton.

Vieux Souvenirs.

Il n'y a pas une année que je ne repasse depuis que je suis revenu de l'armée, ce papier, et tout ce que j'ai essuyé à l'armée, et chaque fois que je repasse ce passage, les cheveux se dressent de dessus ma tête et que mes sangs se meuvent de toutes mes veines et quelquefois, les larmes me tombent des yeux.

Je remercie bien Dieu de m'avoir conservé la santé jusqu'à présent, d'avoir venu dans un âge aussi avancé que je suis à présent. Loué soit à d'ore à jamais, les saints noms de Dieu, de Marie, Joseph et sainte Anne.

J'ai parti l'an 1792 et j'ai revenu dans l'année 1803, chez mes parents à Domjevin.

J. CHATTON,

Agé de 61 ans.

Remède pour guérir les cors aux pieds.

Prenez des feuilles de rampan, la quantité que vous voudrez, et puis vous achèterez du meilleur vinaigre de Bourgogne, vous mettrez vos feuilles dans le vinaigre infuser et puis vous mettrez une feuille de rampan sur ledit cor, soir et matin, pendant quinze jours, le cor disparaît et jamais il ne revient plus.

Remède approuvé pour la rompure d'un enfant.

Prenez du beurre frais avec de la cire jaune que vous ferez fondre, cela fait une graisse. Vous graissez l'hernie le soir et matin, vous prendrez de la mousse d'épine noire que vous mettrez entre deux linges, que vous appliquerez sur le mal de l'enfant ; vous réitérerez le remède plusieurs fois et l'enfant se trouvera guéri parfaitement.

Remède pour arrêter le sang de telle coupure que ce soit.

Dieu est né la nuit de Noël, à minuit. Dieu est mort. Dieu est ressuscité. Dieu a commandé que la plaie se ferme, que la douleur se passe, que le sang s'arrête et que ça n'entre pas en matière, ni en senteur, ni en chair pourrie, comme ont fait les cinq plaies de Notre Seigneur Jésus-Christ. *Natus est Christus, mortuus est, resurrexit Christus.*

Chaque fois que l'on répète ces mots latins, on souffle en forme de croix sur la plaie, en répétant le latin par trois fois, sans oublier la mémoire à l'intention des cinq plaies de Notre Seigneur Jésus-Christ.

Oraison pour couper la fièvre.

Quand Jésus porta sa croix, il lui survint un Juif, nommé Marc-Antoine, qui lui dit : Jésus, tu trembles. Je ne tremble ni ne frissonne, et celui qui en son bras, ce billet portera, jamais fièvres ni frissons n'aura. Je commande aux fièvres tierces, fièvres quartes, fièvres intermittentes, fièvres puerpuéreuses, de s'arrêter du corps de cette personne. Jésus, Maria, Jésus.

Il faut faire une neuvaine de réciter cinq *pater* et cinq *ave maria* en l'honneur des cinq plaies de Notre Seigneur Jésus-Christ. Dieu soit béni et loué sur la terre et en tout lieu.

Ainsi soit-il!

ÉTATS DE SERVICES DE JEAN CHATTON

VOLONTAIRE RÉQUISITIONNAIRE EN 1792

Incorporé au 3e bataillon de la Manche	21 octobre	1792
Soldat chargé du train en		1793
Maréchal des logis en second		1794
Bataille et prise d'Arlon	21 mai	1794
Prise de Charleroi	25 juin	1794
Bataille de Fleurus	26 juin	1794
Bataille d'Aldenhoven	2 octobre	1794
Prise de Maëstricht	4 novembre	1794
Prise de Bréda	28 décembre	1794
Prise de Luxembourg	7 juin	1795
Passé à la 200e demi-brigade	8 juillet	1795
Campagne de la Lahn	octobre	1795
Déblocus de Mayence	octobre	1795
Incorporé à la 17e demi-brigade de bataille	mars	1796
Passage du Rhin, à Kehl	23 juin	1796
Combat de Freudenstadt	4 juillet	1796
Bataille de Biberach	2 octobre	1796
Défense de Kehl	26 octobre	1796
Passage du Rhin, à Diersheim	20 avril	1797
Combat de Porto di Fermo	26 novembre	1798
Combat de Popoli	24 décembre	1798

Affaire de Benavente..........	16 janvier	1799
Assaut de Naples.............	23 janvier	1799
Combat de San Severo........	20 mars	1799
Prise d'Andria.............	27 mars	1799
Combat d'Isola..............	12 mai	1799
Prise de Modène.............	12 juin	1799
Bataille de la Trebbie........	18-19 juin	1799
Combat de San Giorgio.......	20 juin	1799
Siège de Gênes..............	6 avril-4 juin	1800
Libéré par congé de réforme, à Lorient, en...............		1803

LE

Dragon LECLÈRE

1805-1806-1807

NOTICE

SUR LE

Dragon LECLÈRE

Dans mon enfance, j'ai beaucoup connu Leclère ; je demanderai au lecteur la permission de faire appel à mes souvenirs, qui hélas ! remontent déjà à plus de cinquante ans, et de les rassembler afin de lui présenter un portrait aussi complet que possible de ce type du vieux soldat, aujourd'hui disparu.

Jean-Nicolas Leclère est né à Bénaménil, en 1779, et il y est mort en 1847. Soldat de la conscription 1800, il fut incorporé au 17e dragons, fait prisonnier par les Autrichiens devant Ulm, en 1805, il fut conduit jusqu'en Hongrie. Rendu à l'échange, il rejoint l'armée et il prend part à la campagne de Prusse (1806). Son régiment fait partie de la division du général Klein qui poursuivit l'armée prussienne jusqu'à Lubeck, lui prenant toute son artillerie et ses bagages ; on entre à Berlin en triomphe. Honneur suprême, on passe la revue de l'Empereur.

Mais tant de gloire eut bientôt son revers. Leclère est fait prisonnier par les Cosaques à Liebstadt, aux avant-postes de l'armée de Pologne quelques jours avant la bataille d'Eylau. Il est mis en marche pour la Russie ; alors commence pour lui une longue période de souffrances et de misères. Sur son cahier, on retrouve à chaque instant ces notes navrantes dans leur laconisme : « A peine avions-nous l'existence. — Beaucoup insultés des habitants de cette ville. — Les prisonniers y ont été malheureux ». — Les temps sont bien changés, la France et la Russie n'étaient point alors les nations sœurs. Parfois, pendant ce long martyre, un jour heureux vient luire comme un rayon de soleil ;

tantôt c'est un grand seigneur russe, riche et généreux, qui fait quelques largesses aux prisonniers, tantôt il a la chance de trouver deux personnes de Lunéville qui l'ont assisté : à Wladimir, Mme de Châteaufort et à Dixof, M. François Guérier ; mais combien sont rares ces heures de répit dans sa misère.

La marche a commencé le 25 janvier 1807, il entre en Sibérie le 6 juin de la même année : « il y tombait de la neige ». Il existe une lacune dans le cahier du brigadier Leclère, les feuillets ont disparu, du 6 juin au 23 novembre de la même année.

Que sont devenus ces feuillets ? Hélas ! le vieux dragon n'avait pas de membres de la *Sabretache* dans sa famille, sans cela ils auraient été sauvés de la destruction ?

A tous égards cette lacune est regrettable, car à la date du 6 juin 1807, il entrait en Sibérie, comme je l'ai dit plus haut, et il devait donner des détails curieux sur ce pays; alors inconnu. Je lui ai entendu raconter qu'il était allé à soixante lieues au delà de Tobolsk.

Le journal reprend le 23 novembre 1807, et relate la marche de retour. Il est compté à l'échange, à Ticouchine, et arrive à Varsovie, il présente son cahier au commandant de place, qui en fait prendre copie, pour le remettre au maréchal Davout; ce qui lui vaut un thaler (le maréchal n'attachait pas ses chiens avec des saucissons). Leclère rejoint son régiment à Breslau et là, il se remet de ses maux en menant une vie de sybarite; Breslau est pour lui une nouvelle Capoue et les belles Silésiennes ne lui sont pas cruelles. Mais, tout a un terme, l'ordre de départ arrive et il lui faut quitter ce séjour enchanteur; le chagrin qu'il éprouve est adouci par la nouvelle qu'il va rentrer en France. Pendant cette marche vers le pays natal, il continue à mener joyeuse vie dans le plantureux pays de Saxe; comme intermède il fait partie du peloton d'exécution qui fusille un dragon du 27e et rencontre, à Fulda, son frère, soldat au 1er carabiniers. Il assiste aux fêtes données à Erfurt, mais elles semblent le laisser assez froid. Il note cependant que son empereur et celui de Russie se sont fait beaucoup d'accueil. Enfin il rentre au dépôt de Haguenau où il reçoit son congé de libération ; il revoit enfin son clocher.

Ici se termine le cahier de Leclère. Ce cahier est écrit d'une belle écriture ronde rappelant les manuscrits anciens. Quant à l'orthographe, elle est des plus fantaisistes, et d'ordinaire, il écrit les noms comme il les entend prononcer, c'est ainsi qu'il traverse la « Fistule » et le « Nioman » ; mais il est très facile à lire, aussi le lecteur nous saura peut-être gré de lui présenter ce cahier sans rien y rien changer, avec les dates et les étapes telles qu'elles sont inscrites.

Il était impossible d'en faire autant pour le cahier de Chatton. C'eût été imposer au lecteur une tâche trop pénible d'en faire la traduction. D'après ses notes, Leclère devait être un brigadier modèle, il le prouve par l'exactitude avec laquelle il tient son journal au courant, notant jour par jour les distances parcourues, les incidents de route, brièvement, sans commentaires, ses misères, comme ses ribotes et ses bonnes fortunes, tout cela avec la concision d'un rapport.

Voici Leclère rentré au village, c'est là que je l'ai connu et je vais rassembler mes souvenirs pour en faire le portrait au lecteur.

C'était un homme sec, bien bâti, se tenant très droit, ce qu'on appelle un vigoureux gaillard : sa physionomie était remarquable, le visage anguleux, entièrement rasé, la peau tannée et ridée comme une vieille pomme; le nez recourbé sur des lèvres minces et séparant deux yeux ronds et émerillonnés comme ceux d'un oiseau de proie. C'était bien le type des dragons de la République et du premier Empire, que l'illustre Meissonnier a représentés dans ses chefs-d'œuvre. Toujours vêtu d'une blouse et uniformément coiffé d'un bonnet de laine qu'il portait en bonnet de police, il n'arborait le chapeau et l'habit de droguet que les jours de grande cérémonie.

A vrai dire, il ne fut pas ce qu'on appelle un homme des champs ; la vie des camps l'avait tant soit peu détourné de cette voie. On aimait à l'entendre conter ses aventures ; lui, aimait à parler, et quand on cause beaucoup, il faut arroser le gosier ; ça lui arrivait assez fréquemment. Au demeurant, le plus brave homme du monde et aimant à rendre service. Quoique sans fortune il jouissait d'une grande considération, comme tous ceux qui ont beaucoup vu et qui sont revenus de loin. On l'appelait le dragon ; à cette époque il arrivait souvent que le soldat revenu du service conservait en manière de sobriquet le nom de l'arme dans laquelle il avait fait son congé.

Ainsi, dans ce village de Bénaménil, il y avait le carabinier, frère du dragon, il y eut aussi le père cuirassier, pensionné d'Austerlitz.

Ces vieux soldats étaient fiers de ces surnoms et rapportaient au village cet esprit de corps que les différentes armes avaient alors au plus haut degré.

J'ai dit que le dragon jouissait d'une grande autorité ; c'était lui qui lisait aux parents les lettres que leurs fils écrivaient du régiment, c'est lui qui était chargé d'y répondre et il ne manquait pas d'influencer le père pour faire envoyer quelques sous au conscrit. Traqueur émérite, il était de toutes les grandes chasses de la forêt de Mondon et c'était fête pour lui lorsqu'on tuait quelque animal de haut goût, tel que renard ou chat sauvage, voire même un loup, il s'en régalait. Dame ! ses marches en Russie ne l'avaient pas rendu difficile sous le rapport de l'ordinaire. Mais, où il avait surtout du succès, c'était dans les noces ; souvent il était chargé de faire les demandes en mariage, et naturellement il était du festin, où il occupait la place d'honneur. Régulièrement, au dessert, il se levait et faisait un discours qui commençait toujours ainsi : « Dans la partie qu'il en est, d'un côté comme de l'autre, parents et aliénés, nous voici tous réunis, etc. » On trouvait toujours la chose très belle et on buvait à l'orateur qui n'avait garde de s'oublier. Doué d'une voix de ténor, il était chantre et sacristain à l'église de son village ; il racontait volontiers que le jour de l'entrée à Berlin, il avait entonné le *Te Deum* dans la cathédrale. A ses derniers moments, une de ses grandes préoccupations fut de savoir comment on chanterait ses obsèques.

En politique, il ne voyait que l'Empereur et il fut du nombre de ces vétérans fanatiques qui ne crurent jamais à la mort du grand homme sur le rocher de Sainte-Hélène. Une chose curieuse, c'est qu'il ne parlait pas de son cahier, et ne le montrait jamais, on ne le trouva qu'après sa mort ; quel succès il aurait eu cependant, si dans les veillées, du village, il en eût donné lecture aux paysans rassemblés devant l'âtre.

Nous avons vu plus haut que le maréchal Davout en avait une copie : il ne serait pas impossible, lorsque Napoléon, rêvant la campagne de Russie, appelait ses lieutenants en conseil pour en élaborer le plan, il ne serait pas impossible, dis-je, que Davout y soit venu muni de ce cahier, plein de renseignements sur la longueur des marches. C'est qu'en effet, dans ses notes, écrites en 1808, nous retrouvons la plupart des étapes parcourues par la Grande Armée lorsqu'elle envahit la Russie : Kowno, Vilna, Rudicavitz, Mink, Krasnoë, Smolensk, etc. Si la chose eut lieu, le vieux soldat aurait été bien fier de savoir que ses notes avaient servi à son Empereur.

C'est dans les dernières années de sa vie

que je l'ai connu. La famille de ma mère habitait ce village de Bénaménil ; mon grand-père maternel y était maître de poste. C'était le relai entre Lunéville et Blamont. Avant l'apparition des chemins de fer, ce n'était pas une sinécure que cette fonction, surtout sur la grande route de Paris à Strasbourg, cette route, aujourd'hui déserte, presque abandonnée, et qui, au commencement de ce siècle, vit passer tant d'armées, tant de souverains, tant de cortèges divers ; Napoléon partant pour Iéna ou pour Wagram, Marie-Louise venant en France partager sa couronne ; le corps du maréchal Lannes, ramené d'Essling, avec l'escorte d'honneur qui suivait le héros ; toutes ces choses inoubliables étaient restées gravées dans les mémoires des anciens du village, et dans les longs séjours que je faisais chez mon grand-père, j'étais tout oreilles aux récits de ces choses merveilleuses. Vers 1845 et 1846 cette route de Strasbourg était encore continuellement sillonnée par les grandes diligences, les chaises de poste, les berlines de voyage, transportant à grandes guides les courriers de cabinet, les grands personnages et leur suite. A l'arrivée de ces équipages le dragon ne manquait pas de venir se mettre de planton à la poste ; de ses pérégrinations à travers l'Europe il avait rapporté quelques lambeaux de phrases russes et allemandes (quelque chose dans le genre de l'italien du père Chatton) ; toutefois il en faisait volontiers parade et posait avec complaisance pour le polyglotte, il était heureux quand il pouvait servir de drogman à un voyageur de marque, car chose étonnante, il arrivait parfois à se faire comprendre. Cela augmentait encore son prestige près des habitants du village qui se glorifiaient d'avoir un compatriote doué de tant de savoir. Et puis il y avait la suite ; mon grand-père, pour reconnaître les bons offices du dragon, ne manquait jamais de le faire entrer boire une bouteille. C'était toujours un bon moment pour moi ; après cinquante ans écoulés, je revois la scène comme si j'y étais encore. Cela se passait dans l'antique cuisine, à peine éclairée par une petite fenêtre, mais toujours illuminée par un grand feu qui brûlait dans une immense cheminée. Le dragon s'installait à l'extrémité du grand banc de chêne massif qui, à cette époque, était le meuble essentiel de toute cuisine du pays lorrain. La servante apportait un verre, la miche et une bouteille de vin clairet qu'elle déposait devant le dragon qui faisait le salut militaire. Mon grand-père allumait sa grande pipe, à couvercle de cuivre ciselé, et moi je m'installais entre ses jambes, les oreilles ouvertes, impatient d'entendre des récits répétés pour la vingtième fois, mais ayant pour moi un attrait toujours nouveau.

Mon grand-père était aussi un vieux soldat, ancien cavalier de la vieille garde ; aussi, quand le premier verre avait mis le dragon en haleine, les récits allaient leur train. Que de fois les ai-je entendu raconter ces combats épiques : Iéna, la prise de l'étendard des hussards de la mort, les charges héroïques de Leipzig et de Hanau ; je trouvais, moi, que cela finissait toujours trop tôt et j'aurais voulu en entendre encore.

Nicolas Leclère est mort en 1847, c'était un type comme on n'en verra plus, et tous ceux qui l'ont connu et qui existent encore en ont gardé le souvenir.

Un jour j'ai cru le revoir, si je ne me trompe, c'était en 1861 ; j'étais grand garçon alors, j'avais plus de vingt ans et j'habitais Paris où j'étais élève dans l'atelier du grand peintre Thomas Couture. Un jour le canon tonnait, c'était le glas du prince Jérôme, le frère du grand Empereur ; on allait le conduire aux Invalides. Nous sortîmes tous de l'atelier pour voir les funérailles ; depuis le Palais royal, résidence du prince, la rue de Rivoli, la place de la Concorde, les Champs-Élysées, tout était noir de monde. En cherchant une bonne place, le hasard voulut que je vinsse m'installer à l'entrée des Champs-Élysées, du côté gauche, près du piédestal d'un des chevaux de Marly qui ornent l'entrée de la grande avenue. Je m'arrêtai soudain à l'aspect d'un spectacle étrange... Une troupe faisait la haie, la droite appuyée au piédestal de gauche ; mais quelle troupe ! Vêtue d'oripeaux fripés, aux galons ternis, coiffée de shakos invraisemblables, surmontés de plumets fantastiques, c'était la vivante évocation du réveil de Raffet ! Fasciné par cette apparition inattendue, je ne pouvais en détacher les yeux ; enfin, le premier moment de surprise passé, je me mis à examiner ces fantômes un à un ; ils sont restés gravés dans ma mémoire. Ici des voltigeurs dont les habits étriqués faisaient contraste avec les immenses shakos garnis de cordons jaunes ; là, un Mameluk presque centenaire, les yeux fixes, perdus dans le vide, semblait insensible à tout ce qui se passait autour de lui ; le voisinage de l'obélisque lui rappelait-il quelque vague souvenir du pays natal? Plus loin, un marin en chapeau ciré haut de forme, orné de la cocarde, vêtu d'une veste trop courte, au collet droit remontant aux oreilles, s'appuyait sur sa pique ; des hussards ; des chasseurs de la garde, aux dolmans délabrés ; des grenadiers, aux bonnets râpés, les jambes amaigries, flageolant dans de hautes guêtres devenues trop larges. Je me trouvai tout à coup en face d'un dragon, je m'arrêtai, cloué sur place devant cette apparition. Je le vois encore ce soldat d'outre-tombe, avec son habit vert, usé jusqu'à la corde, aux longues basques, aux revers d'un rose presque éteint ; il avait un pantalon gris de fer basané, boutonné tout le long, sur le côté ; son chef branlant était coiffé d'un immense casque de cuivre, bossué, sur le cimier duquel flottait un restant de crinière, le turban, de peau de tigre, montrait de larges places chauves qui s'harmonisaient avec le lamentable délabrement de la tenue. Est-ce l'effet de l'imagination? Je lui trouvai une ressemblance frappante avec Leclère. C'étaient bien les mêmes traits anguleux, le même nez crochu, modelés sur du vieux cuir; je ne pouvais en détacher mes regards; mon insistance à le contempler fut-elle désagréable au vieux soldat? Je ne sais; mais il se mit à me fixer avec les yeux vitreux de ceux qui ont déjà un pied dans la tombe; sa tête, oscillant de droite à gauche, semblait me dire : tu me regardes comme une bête curieuse, mais tu n'as pas vu ce que j'ai vu, laisse-moi en repos. J'eus peur d'offenser le vieux soldat et je m'éloignai discrètement, continuant mon inspection. Soudain un commandement retentit. Le bataillon sacré, comme on l'appelait alors, présenta les piques et les sabres, le cortège passa grandiose, puis un vieil officier de hussards, encore superbe dans son dolman bleu de ciel soutaché d'argent, commanda d'une voix cassée : « par le flanc gauche! » Et cette troupe de soldats squelettes s'ébranla, macabre, vers les Invalides où elle escortait le frère de celui qui les avait conduits tant de fois à la victoire. Honneur à ceux qui portèrent si haut le drapeau de la France!

E. Gridel.

Campagne de 1805 (1)

Le 24 août 1805, l'Empereur donnait, du camp de Boulogne, les ordres définitifs pour la formation et la mise en route des divisions de dragons. La 4e division, dont faisait partie le 17e dragons, était ainsi composée sous les ordres du général Bourcier :

1re brigade : 15e 17e et 27e dragons ;

2e brigade : 18e, 25e et 19e dragons.

(1) L'historique du 17e régiment de dragons n'a pas encore été publié, mais grâce à la bienveillante autorisation de M. le colonel de Lagrené et à l'obligeance de M. le capitaine Galbrunner qui nous a communiqué une partie de l'historique manuscrit existant au corps, nous pourrons en donner, au lecteur, des extraits qui permettront de contrôler les faits trop brièvement relatés dans le manuscrit du brigadier Leclère.

Elle devait se mettre en route le 27 août, mais un nouvel ordre de l'Empereur, daté du lendemain 25, avança le départ de vingt-quatre heures, et comme les trois routes conduisant à Strasbourg avaient été affectées aux trois premières divisions, Klein, Walther et Beaumont, il fut tracé à la division Bourcier une quatrième route par le Nord, avec Spire pour objectif. Les commandants de division avaient délégation pour séjourner ou non en route.

Cet embrigadement fut changé peu après car c'est la répartition suivante qui figure pour la 4e division sur les états de situation de la Grande Armée :

Brigade Laplanche : 15e et 17e dragons ;

Brigade Sahuc : 18e et 19e dragons ;

Brigade Verdière : 25e et 27e dragons.

A dater de la constitution de la Grande Armée, l'histoire des régiments de cavalerie endivisionnés dans la réserve plus particulièrement, se perd plus facilement dans la division de celle dont ils font partie. Les effectifs considérables des armées enlèvent presque toujours à ces corps de troupe leur individualité : généralement, on ne peut suivre leurs traces sur les rapports et situations qu'en consultant l'indication : Klein-division, Walther-division, Beaumont, etc. De 1812 à 1814, en Russie, en Allemagne et en France, c'est même au corps de cavalerie, composé de plusieurs divisions, qu'il faut s'en tenir : quand pendant cette période le numéro d'un régiment est cité, il faut des éventualités, des circonstances tout à fait exceptionnelles.

C'est ainsi que, pendant la campagne de 1805, l'histoire du 17e dragons ne fait presque toujours qu'une avec celle de la division Bourcier, comme en 1806 et en 1807 avec celles des divisions Sahuc et La Houssaye.

Dès le 25 septembre, avant le jour, les divisions de cavalerie, soutenues par le corps de Lannes (5e), commençaient à passer le

Rhin, à Kehl. Conformément à l'ordre du jour, les troupes portaient des branches de chêne à leur coiffure en signe précurseur de la victoire que l'armée allait remporter sur l'ennemi.

La division Bourcier, qui avait couché le 23 à Strasbourg, remontait au Nord sur la rivière de Murg, puis vers Durlach, point vis-à-vis lequel le général Songis avait fait jeter un pont, sur lequel, le 26, le 6e corps (Ney) passait le Rhin, opération protégée par la 4e division de dragons.

Pendant ce temps, Murat, avec quatre autres divisions de la réserve, restait en position en deçà des débouchés de la Forêt-Noire, envoyant force reconnaissances par ces débouchés, dans les directions de Fribourg, d'Offenbourg, d'Oberkirch, pour faire croire que l'armée allait pénétrer dans ces directions.

La division Bourcier, redescendant ensuite sur Rastadt, fut le dernier échelon de ce rideau de cavalerie, établi pour détourner l'attention de l'ennemi du mouvement qui se faisait pour tourner sa droite, tandis que pendant ce temps s'écoulaient successivement, plus au Nord, deux corps d'armée, ceux de Lannes et de Ney, la garde, la réserve de cavalerie, le tout devancé par la brigade légère du général Milhaud.

« Le général Bourcier a couché à Rastadt et va vous rejoindre avec sa division, écrit l'Empereur, à Murat, d'Esslingen, le 20 octobre, vous allez flanquer toute ma marche, qui est délicate, en ce que c'est une marche oblique sur le Danube ».

Mais cette jonction n'eut pas lieu, en réalité, car le 4 octobre, l'Empereur, dans une lettre à Bernadotte, lui annonçait que Murat, avec ses divisions de dragons, balayait, le jour même, les plaines d'Ulm : or, à cette date, la 4e division était à Stuttgard dont elle repartait le lendemain, à 10 heures du matin, pour aller coucher à Esslingen, recevant pour ce trajet l'ordre de faire l'arrière-garde, de pousser les traînards, les convois et les détachements, ne laissant rien en arrière.

Le lendemain, 6 octobre, l'Empereur qui avait donné l'ordre à Bourcier de se rendre à Geislingen pour éclaircir tous les débouchés d'Ulm, se portait avec les trois autres divisions de dragons au Nord-Est, sur Heidenheim pour éclairer la plaine de Nordlingen avec Donauwerth pour nouvel objectif.

L'Empereur définissait ainsi qu'il suit le rôle de la 4e division, dans une lettre à Murat, datée de Gmünd, le 5 octobre : « le général Bourcier, avec sa division de dragons peut être difficilement forcée par la cavalerie et ne doit se retirer que quand il voit de l'infanterie en forces. L'ennemi ne peut être en mesure de prendre position du côté d'Ulm. Le général Bourcier doit prendre les positions du général Walther, non seulement pour demain, 6, mais après-demain, 7; donnez-lui donc l'ordre de cerner Ulm par des postes, à trois heures de distance et sur tous les débouchés, soit ceux de Heidenheim, soit de Geislingen. Il est important de masquer nos mouvements à l'ennemi ».

Le corps de Ney, parti le 4 octobre, de Stuttgard, envoyait, dès le 7, ses éclaireurs sur le Danube et même au delà sur la rive droite, par Dillingen : maintenu sur la rive gauche avec le corps de Lannes, pour surveiller cette rive du fleuve et les abords d'Ulm sous la haute direction de Murat, il fut alors renforcé de la division Bourcier et de 6,000 dragons à pied de Baraguey-d'Hilliers.

Ce fut au combat d'Albeck si glorieusement soutenu par le 17e régiment de dragons, que le brigadier Leclère fut fait prisonnier par les Autrichiens.

Le 11 octobre, pendant que la division Dupont, laissée seule, de tout le corps de Ney, sur la rive gauche du Danube, se portait d'Albeck vers Ulm, elle se heurta, à hauteur d'Haslach, à 25,000 Autrichiens sortant de sous les ordres de l'archiduc Ferdinand. Toute la cavalerie fut mise en bataille dans la plaine en avant d'Albeck.

L'infanterie autrichienne fut bientôt chassée du bois où elle était masquée; l'ennemi fit alors faire un mouvement rétrograde, à toute la cavalerie, à Neustetten. Notre première ligne enfonça et culbuta tout ce qu'elle trouva devant elle; la déroute de la cavalerie entraîna celle de l'infanterie, et des bataillons entiers déposèrent les armes. Le prince Murat poursuivit l'ennemi et le chassa jusqu'à Ebretinghen en le chargeant à plusieurs reprises. 3,000 prisonniers dont un officier général, qui a été grièvement blessé, plusieurs officiers, plusieurs caissons, beaucoup de chevaux furent le résultat de la belle journée du combat d'Albeck.

La cavalerie a fait des prodiges de valeur, l'infanterie s'est conduite à merveille et regrettait de ne pouvoir suivre et partager les succès de la cavalerie.

Pendant l'affaire, qui fut très chaude et tourna à notre avantage, grâce à l'énergie de Dupont et malgré les disproportions des forces, le 17e dragons, aux prises avec une cavalerie très supérieure, eut son colonel tué, Joseph Nicolas de Saint-Dizier, qui commandait le régiment depuis plus de onze ans.

Le *Manuel de Cavalerie*, publié, en 1817, par ordre du lieutenant général Bourdesoulle, raconte comme il suit cette mort héroïque et celle des braves sapeurs qui lui firent un rempart de leurs corps.

Le colonel de Saint-Dizier, dont le régiment ne comptait guère que 200 hommes, se trouva, après un combat très opiniâtre, enveloppé avec les sapeurs qui lui servaient d'ordonnances. Deux régiments de cavalerie autrichienne, forts de 1500 hommes, lui étaient opposés. Le colonel succomba sous le nombre et périt avec trois sapeurs, les sept autres, blessés dangereusement, étaient tombés sur le corps de cet officier expirant; le général autrichien, instruit de leur dévouement, les fit transporter dans un hôpital, d'où après avoir été guéris ils furent conduits aux avant-postes français.

Au combat d'Albeck, le lieutenant Abel fut tué, les capitaines Léopold et Kindel et les sous-lieutenants Stoltz, Johann et Moll furent blessés. Les dragons Pierre Aucante, Jean Faure, Jean Maillot, Charles Lelièvre, François Ditsch, Joseph Henrion, furent tués.

Le maréchal des logis François Muret et le dragon Étienne Marteau moururent quelques jours après, des suites de leurs blessures, le premier à l'hôpital d'Augsbourg, le second à l'hôpital de Nordlingen.

Le trompette François Lutz et les dragons Pierre Thiéry et François Schiélé, furent blessés.

Campagne de Prusse et de Pologne

1806-1807

Le 17ᵉ dragons fait partie de la 4ᵉ division de dragons aux ordres du général Sahuc, qui fait partie elle-même de la réserve de cavalerie. La 1ʳᵉ brigade, sous les ordres du général Margaron, se compose du 17ᵉ et du 27ᵉ dragons; la 2ᵉ, aux ordres du général Laplanche, comprend les 18ᵉ et 19ᵉ dragons.

A la veille des hostilités, le 26 septembre, l'effectif du 17ᵉ dragons est de 35 officiers, 490 hommes et 527 chevaux.

Les régiments avaient trois escadrons sur quatre en campagne, et chacun d'eux était de deux compagnies de 80 à 120 hommes. Le général Margaron ne vint prendre le commandement de sa brigade qu'au cours des opérations, après le 24 octobre ; il commandait, au début de la campagne, avec le général Guyot, la cavalerie du 4e corps (Soult), et le maréchal avait trouvé qu'un seul brigadier suffisait pour cette cavalerie légère.

Jusqu'au 9 novembre, la division Sahuc avait compté une 3e brigade, formée des 15e et 25e dragons, mais celle-ci avait été distraite à cette date pour aller former, avec une brigade prélevée sur la 2e division de dragons, la 5e division sous les ordres du général Becker.

Octobre. — Le 7, veille de notre entrée en Prusse, la 4e division de dragons suit les villages, depuis Ebensfeld jusqu'au Trieb, observant par sa droite les communications sur Bayreuth, et, par sa gauche, celles de Coburg. Le 8, elle est à Cronach, où Murat, commandant la réserve de cavalerie, avait son quartier la veille. Le 9, la 4e division est à Steinvesem, à 55 kilomètres de Schleiz où est ce jour-là le quartier général de la réserve.

Le 10, elle bivouaque avec le 3e corps en avant de Schleiz, à 20 kilomètres de Triptis, où le prince Murat a son quartier général. Le 4, les dragons, avec la division Friand, après une marche de plus de 50 kilomètres, s'arrêtent un peu en deçà de Naunbourg,

Le 13, repos. A 4 heures et demie, l'Empereur envoie l'ordre de porter toute la cavalerie sur Camburg et Dorimburg ; il retire à Davout la division Sahuc ; cette divi sion ne prend pas part à la bataille du 14 et bivouaque, le soir, à Dirnburckh (marche de 17 kilomètres). Le 15, la division prend part à la poursuite de l'ennemi battu avec le corps Soult 4e, et bivouaque, le soir, sous Erfurt, après une marche de 50 kilomètres.

Le 16, le corps de Soult et la division Sahuc, après une marche de 35 kilomètres, arrivent à Greussen et en chassent l'arrière-garde du général Kalkreuth.

Le 17 au soir, après une marche de 50 kilomètres, le général Soult atteignit, à Nordhausen, la colonne poursuivie près de Greussen. La 4e division prit ensuite position à Salza, à 5 kilomètres en arrière de la cavalerie légère des généraux Guyot et Margaron, établie à la bifurcation des deux routes.

Le 18, la division Sahuc commence la traversée des montagnes du Hartz, pour descendre sur Magdeburg, marchant avec la colonne de gauche.

Elle occupe, le 19, Wogloben, après une nouvelle marche de 40 kilomètres. Le 20, elle est en soutien, à Gross-Wanzleben, de la cavalerie légère du 4e corps, en avant à 5 kilomètres, à Scheilbnitz.

En six jours, depuis le 9 au matin, la 4e division de dragons avec le 4e corps et les quatre autres divisions de cavalerie de la réserve, 1er et 2e cuirasssiers, 1er et 3e dragons, avaient fait 220 kilomètres à la poursuite des colonnes prussiennes en retraite, qui avaient évacué les pays situés sur la rive gauche de l'Elbe, au sud de Magdeburg et Wittemburg.

Le 21, la 4e division concourt, avec le 4e corps, le 6e (Ney), à l'investissement de Magdeburg ; elle s'établit à Hohen et Neider-Dodeleben, soutenant la brigade Guyot, 8e hussards, 11e chasseurs, qui intercepte la route du Brunswick à Constadt.

Le 22, au bivouac d'Hohen Dodeleben, à la droite de la cavalerie de Soult et en liaison par le 10e chasseurs avec celle de Ney ; le 23, le 4e corps livre un combat au faubourg de Heustagdt, devant Magdeburg.

Les 24 et 25, la 4e division de cavalerie se rend d'Ebendorf à Ameburg, marche de 70 kilomètres.

Le 26, le 4e corps livre, à hauteur de Sandon, un combat à l'arrière-garde de

Weimar, qui franchissait l'Elbe, sur un pont de bateaux, à Havelberg.

Le 27, la journée fut employée à faire réparer le pont de Tangenneïde. Le 28, la 4e division passe l'Elbe à Tangenneïde, poursuivant le corps de Weimar avec le 4e corps; elle est le 29 à Ratheron, le 30 à Wursterhausen et le 31 à Miron.

. . . .

Novembre. — Le 1er, la division de dragons bivouaque à Rotchauvinck; le 2, à Wendisch-Pricborn.

Le 3, elle rejoint la cavalerie légère du 4e corps à Pinow, à 8 kilomètres en avant du quartier général, par une marche de 50 kilomètres: le 4, elle est à Gross-Welzen; le 5, à Ratzeburg, où Murat a, ce jour-là, son quartier général.

Le 6, la 4e division assiste au combat de Lubeck avec le 1er et le 4e corps et la réserve de cavalerie. Combat suivi le 7 au matin de la capitulation de Blücher.

Passé la revue de l'Empereur.

Du 7 octobre au 7 novembre, la division Sahuc avait été bivouaquée tous les jours, sauf les 16 et 25 octobre, et ne s'était reposée que trois jours, les 21, 22 et 23, sous Magdeburg.

Le 17ᵉ dragons, pendant cette période, n'avait guère perdu que la moitié de son effectif : à la date du 15 novembre, pendant son séjour autour de Berlin en attendant son départ pour la Vistule, il comptait encore :

30 officiers, 415 hommes, 449 chevaux, 51 hommes détachés, 34 chevaux détachés, 8 hommes aux hôpitaux.

C'était son état de situation le jour où la division Sahuc fut passée en revue par l'Empereur. Sahuc sera le 27 à Posen, écrivait l'Empereur, de Berlin, à Murat le 24 novembre; il ne s'en fallut que deux jours, ainsi qu'en témoigne l'itinéraire suivant :

La division quittant Berlin le 21 coucha le même jour à Muncheberg; le 22 et 23, à

Francfort-sur-Oder ; le 24, à Drossen ; le 25, à Scheuneissel ; le 26, à Betsche ; le 27, à Puine, le 28, à Swandzim : le 29, à Posen, puis alla cantonner à Pudnitz et environs, sur le chemin de Thanz.

Décembre. — Les divisions des généraux Sahuc, Grouchy, d'Hautpoul sont ici, écrit l'Empereur, de Posen, à Murat, le 1er décembre. Je laisse reposer toute cette cavalerie jusqu'à ce que j'aie vu le parti que j'aurai à prendre.

Un ordre du 13 décembre constitue, sous les ordres du maréchal Bessières, une deuxième réserve de cavalerie, composée de la brigade légère du 2e corps, des dragons Grouchy et de Sahuc, des cuirassiers de d'Hautpoul.

Ces 7,000 hommes de cavalerie de la 2e réserve, qui ont l'ordre de déboucher par Thouw, se portent ensuite sur Kypin et Biezun avec des reconnaissances vers Pultsuck.

Le 17, cette division a ses cantonnements sur la rive gauche de Drewenz, depuis Gollub jusqu'au confluent de cette rivière dans la Vistule.

Le 18, cantonné à Wola avec les cuirassiers d'Hautpoul. Le 19, une brigade de la 4e division, quittant ses cantonnements à 6 heures du matin, se rend à Sierfs (45 kilomètres) et l'autre brigade, à 1 heure, en deçà de Sierfs.

Le 20, la division et une brigade de la division Grouchy rencontrent l'ennemi à Biezun et le forcent à repasser la Wkra; une brigade de la division Sahuc cantonne à Roseningow avec le quartier général de la 2e réserve. Dans la journée du 21, cette brigade est envoyée par Bessières à Chypris, sur la demande de Bernadotte.

Le 22, cette brigade rallie le maréchal Bessières à Biezun, et l'autre brigade de la 4e division était envoyée à Karwy-Szyn et Sadlowo, sur la rive gauche de la Wkra. La division est cantonnée le soir à Sadlowo et à Karmyswin.

Le 24, elle est cantonnée à Chapronia, où elle stationne encore le 25. Le 26, elle passe le Wkra et occupe Sadlowo et Chamsk.

Le 27, la 2e réserve de cavalerie se porte sur Mlawa, à la droite du 6e corps. La division de dragons qui est à Woynouka et à Bougwzinck, envoie des reconnaissances à 30 kilomètres, sur Ciechnawo.

Le maréchal Bessières rend compte, le 28, au major général, que la division Sahuc s'est portée sur la route de Mlawa à Ciechnawo, poussant des reconnaissances pour communiquer avec les troupes qui sont en ce dernier point et avec le quartier impérial, à Golywin.

Le 29, au début de la période des cantonnements provisoires de l'armée, la 4e division occupe les villages entre Szunisck et Mlawa sur la route de Schazellein.

Le lendemain 30, elle est sur la route de

Kzaniz et Schazellein, à deux lieues des routes de Kzaniz et d'Ostrolenka.

Janvier 1807. — Dès le 1er janvier, Bernadotte écrivait de Pulstuck que l'intention de l'Empereur était de le détacher avec le 1er corps, sa cavalerie légère et la division Sahuc pour le porter sur Elbing couvrir la basse Vistule, bloquer Dantzig et menacer Kœnigsberg.

J'ai reçu hier, écrivait-il, le 12, de Dembks, à Berthier, les ordres et les dispositions générales pour les cantonnements définitifs; le mouvement pour me porter à gauche est déjà commencé.

Dans ce mouvement de flanc, Bernadotte fractionne en deux la division Sahuc, envoyant la brigade Laplanche, 18e et 19e dragons, au Nord avec la division Drouet. L'ordre donné, le 16 janvier, par Bernadotte à Ostérode porte ceci : « Le général Laplanche partira le 18 avec sa brigade pour se rendre à Saalfeld et poussera de là des reconnaissances sur Elbing et Marienberg; il détachera sur sa gauche un parti de 80 dragons qui s'emparera de Marienwerder et y restera jusqu'à ce qu'il soit relevé par quatre compagnies de la division Drouet. Le général Laplanche recevra des ordres du général Dupont. Le général Sahuc est avec une brigade à Hohenstein pour soutenir la droite du corps d'armée. »

Le 19, la brigade Laplanche était à Saalfeld.

Le 20, un de ses régiments, le 19e, sous les ordres colonel Saint-Geniès, eut plusieurs engagements autour de Preuss Holland.

Les 21 et 22, la brigade accompagne la division Dupont dans son mouvement sur Elbing.

Le 23, journée pour elle de repos, avec ordre de ferrer ses chevaux.

L'ordre de mouvement du 24, pour le

Pris à Liebstadt par les Cosaques.

1er corps, prescrit à la brigade Laplanche d'aller cantonner à Rogchnen-Schwau et villages, dans un rayon d'une lieue, poussant un détachement sur Krouan pour se lier à Mohrungen ; vingt-cinq dragons sont laissés en arrière pour observer Marienburg et Marienverder.

Dans cette journée, à 3 heures de l'après-midi, nous éprouvions un échec à Liebstadt, aux avants-postes de la division Ribaud, où se tenaient en outre, qui souffrirent beaucoup, deux compagnies de voltigeurs du 8e régiment et 100 dragons du 17e, qui y furent pris ou détruits. Le lieutenant Paulus fut blessé.

CAHIER DE LECLÈRE

MARCHE DE LA ROUTE que j'ai fait étant prisonnier de guère en la maison d'Autriche en 1805 et 1806 ; de la marche que j'ai fait étant prisonnier de guère en Russie en 1807 jusqu'à l'époque du 14 janvier 1808. Rentré au régiment à Breslau, ville capital de la Silézie prussienne.

Prusse || J.-N. LECLÈRE || **Autriche**

Ce cahier appartient à moy Jean Nicolas Leclère, brigadier au 17e régiment de dragons, 8e compagnie, en garnison à Breslau, ville capital de la Silézie prussienne. Fait à Breslau, le 30 may 1808.

Pologne || LECLÈRE Brig^er^ || **Russie**

Marche de la route que j'ai fait étant prisonnier de guère en la maison d'Autriche. Depuis l'époque du onze octobre 1805 jusqu'à l'époque du neuf may 1806 j'ai fait au nombre de 1100 lieues dans les provinces désignées cy-dessous :

SAVOIR :	PROVINCE	CAPITAL
	—	—
Fait prisonnier à Oulme. . .	Bavière	Munich
Traversé le	Tirolle	Insbruck
Passé dans la	Vendiche	Francfurt
Passé dans la	Cravatie	Agrum
Passé dans la	Dalmatie	Zara
Retourné sur nos passé jusqu'à		Agrum
Passé dans la	Transsilvanie	Essique
Passé dans la haute et basse	Hongrie	Peste
jusqu'à Témessevar, retourné pour l'échange, passé à Peste, à Rapp frontière de la Moravie et de Bohème		
Passé à la capital	d'Autriche	Vienne

Conté à l'échange le quatorze avril 1806.

passé à Passeau, trouvé les premier Français. Rentré au régiment dans le payis d'Anspach à Hipolstheim le neuf may 1806 jusqu'à l'époque du vingt-neuf septembre même année. Entré en campagne avec les Prussiens.

Campagne de Prusse.

Traversé une partie de Banberg et de Brandenbourg. M'avoir trouvé à la bataille de Jéna et de Veymar, ville de Saxe, où l'armée française a fait trente six mille prisonniers et deux fois autant de restés sur le champ de bataille. De là marché sur Magdebourg où nous sommes restés trois jours au bloqu'us. De là party à la poursuite de dix mille hommes de cavalerie prussienne qui se sont retirés sur Lubeck. La veille de la faire de Lubeck nous avons pris huit pièces de canon avec leurs amunitions et deux escadrons de cavalerie à Lubeck. Pris toutes leurs pièces et amunitions avec le restant de ce corps d'armée qui était composés au nombre de huit mille hommes de cavalerie et à peu près douze mille hommes d'infanterie le moins, avec tous leurs équipages. De là conduit les prisonniers jusqu'à Berlin. A Berlin passé la revue de l'Empereur. De là traversés une partie de la Pologne. Passé à Franfort et à Posen. De là gagné la vielle Prusse. Le vingt décembre fait au nombre de cinq cents prisonniers prussiens et pris l'étandard des husards de la mort : après le 24 janvier 1807 fait prisonnier à Liebstad par les Cosaques et mis en marche pour la Russie.

LECLÈRE.

DATTES du MOIS.	NOMS DES VILLES où NOUS AVONS PASSÉS.	LIEUES par jour.	OBSERVATIONS. *Vielle Prusse.*
Janvier.	Fait.	»	Prisonnier à Liebstad le 24 janvier 1807
	par les.	»	Russes et mis en marche pour la Russie.
Le 25	à.	8	
26	à.	7	
27	à Heisberg.	5	Le dragon Chérot y est mort et à peine avions nous l'existance et beaucoup insultés des bourgeois de cette ville.
28	Séjour.	»	
29	Id.	»	
30	à Steinbérig. . .	6	
31	Séjour.	»	Assez bien reçus des habitants de cette ville.
Février.	1807.	»	
1	à Chippel.	5	Les prisonniers onts étés malheureux.
2	Séjour.	»	
3	à Neinkirich. . .	9	Les officiers y onts étés empoisonnés. Monsieur Paulus (1) et Monsieur Mougel y sonts restés bien malade.
4	à Instebourg. . .	5	
5	Séjour.	»	
6	Id.	6	

(1) Monsieur Paulus est le lieutenant qui, à la surprise de Liebstadt, avait été blessé et fait prisonnier. Ses états de service, extraits des « Fastes » de la Légion d'honneur, sont assez beaux pour pouvoir être ici reproduits en entier.

Né le 13 décembre 1776 à Haguenau (Bas-Rhin), admis comme enfant de troupe au 17e dragons, le 13 juillet 1787, fit toutes les guerres de la Révolution de 1792 à l'an IX, aux armées du Nord, de la Moselle, du Rhin, d'Helvétie, d'Angleterre et du Danube. Le 4 prairial an II (23 mai 1794), le 17e de dragons défendait le passage de la Reebach, au poste de la Rehutte, en avant de Spire; l'ennemi, après avoir fait rétablir le pont, y lança 2 bataillons, 3 pièces de canon et 200 hussards; le dragon Paulus traverse l'infanterie ennemie qui s'avançait au pas de charge, passe sur les débris d'un caisson qui venait de

DATTES de FÉVRIER.	VILLES. — 1807	LIEUES par jour.	OBSERVATIONS.
7	à.............	7	
8	Séjour........	»	
9	à.............	4	
10	à.............	5	A peine recevions-nous l'existance.
11	Séjour........	»	
12	Id..........	»	Idem.
13	Id..........	»	Idem.
14	Id..........	»	Idem.
15	Limitte Prusse.	4	
16	à Georgenbourg.	4	Passé la rivière nommée Mémelle et première ville de la Pologne russienne. Nous ne pouvions pas manger le pain que l'on nous donnoit parce qu'il y avoit beaucoup de pail de dans. . . . . . .
17	Séjour........	»	
18	à.............	6	
19	à Vilerme......	6	
20	à.............	5	
21	à Kaveno......	6	
22	Séjour........	»	. . . .

sauter, poursuit les charretiers des trois pièces ennemies, atteint un obusier au delà du pont, s'en empare et sabre les canonniers. Plusieurs hussards fondent sur lui; seul, il se défend une demi-heure jusqu'à ce que son cheval criblé de balles, ses habits déchirés par les coups de sabre dont il avait été atteint, et une blessure à l'épaule, le forcent d'abandonner le champ de bataille.

Nommé brigadier fourrier le 11 du même mois (30 mai 1794), il se distingua encore le 2 thermidor suivant (20 juillet 1794). Lors de la rentrée d'une reconnaissance faite sur Franckenthal et Worms, l'ennemi la pressa vivement et entama une charge contre l'arrière-garde. Le fourrier Paulus s'aperçoit qu'un peloton prussien vient de pénétrer par une des portes de Franckenthal pour couper la retraite aux Français; il rallie aussitôt quelques tirailleurs et, suivant le même chemin, tombe sur les derrières de l'ennemi, l'attaque avec vigueur, atteint l'officier commandant et le force à se rendre ainsi que les trente hommes

Beaucoup insultés des bourgeois de la ville.

DATTES de FÉVRIER.	VILLES. — 1807	LIEUES par jour.	OBSERVATIONS.
23	à Rondubacha..	6	
24	à Sisbérig.....	4	
25	à Lintevareaux.	6	
26	à.............	5	
27	à Vilnos.......	6	Les braves bourgeois de cette ville onts assistés tous les prisonniers et les onts reconnus comme sy c'étoit leurs frères.
28	à.............	4	
Mars.	1807..........	»	
Le 1	Séjour........	»	Pologne russienne.
2	à Smaranque...	5	
3	à Marquaux....	5	
4	à Jedy........	5	
5	à Rudescaviste.	8	
6	à Cartase......	6	
7	à.............	4	

sous ses ordres. — Promu au grade de maréchal des logis le 1er floréal an v (20 avril 1797), il fut fait maréchal des logis chef le 11 nivôse an IX (1er janvier 1800) et reçut un sabre d'honneur le 10 prairial suivant (30 juin 1800).

Employé en l'an XII et en l'an XIII à l'armée des côtes de l'Océan, il fit les campagnes, de l'an XIV à 1807, en Autriche, en Prusse et en Pologne, et combattit avec une rare intrépidité à Austerlitz, où il reçut un coup de boulet au pied droit et un coup de lance à travers le bras gauche.

Lieutenant le 3 nivôse an XIV, il se signala encore le 24 janvier 1807 à Liebstadt et il reçut deux coups de sabre au coude gauche et à la tête.

Nommé capitaine le 8 octobre 1808, il fit la guerre en Espagne et en Portugal jusqu'en 1813 inclusivement. Il prit part aux opérations de la Grande Armée pendant la campagne de 1814 en France, et pendant celle de 1815 en Belgique, et fut admis à la retraite le 14 décembre de cette dernière année.

DATTES de MARS.	VILLES. — 1807	LIEUES par jour.	OBSERVATIONS.
8	à.............	6	
9	à Minska......	5	Les prisonniers n'ont qu'à se louer des bourgeois de cette ville, car plusieurs onts assistés les prisonniers.
10	Séjour........	»	
11	à Molévique....	6	
12	à.............	6	
13	à.............	7	
14	à.............	9	
15	Séjour........	»	
16	à.............	8	
17	à.............	7	
18	à Talachine....	4	Bourg où il y a beaucoup de Juifs.
19	à.............	9	
20	à Orsel........	10	Ville trois quart juifs.
21	Séjour........	»	
22	à Dabrana.....	6	
23	à Liady.......	7	Dernière ville de la Pologne russienne.
24	à Crasnet......	8	1re ville de Russie. Les bourgeois nous y crachoit au nez.
25	à.............	7	
26	à Schmollinsky.	4	Nous y sommes étés casernés. Beaucoup de bourgeois de cette ville onts insultés les prisonniers.
27	Séjour........	»	
28	Id..........	»	
29	Party pour Kazan.........	5	Ville de destination.
30	à.............	5	
31	à.............	7	

DATTES de AVRIL.	VILLES. — 1807	LIEUES par jour.	OBSERVATIONS.
Avril.	1807..........	»	
1	à Auratte......	5	Ville champêtre où les habitants y sonts très mauvais.
2	Séjour........	»	
3	à.............	5	
4	à.............	5	
5	à............	6	
6	à Veisma	5	Les bourgeois nous arroitoit pour nous donner des sotises et nous crachoit au nez.
7	Séjour........	»	
8	à.............	5	
9	à Ukrène......	6	Passé la rivière de Moscovie.
10	à.............	6	
11	à.............	5	Passé une petite rivière.
12	à.............	5	
13	à Sélot........	6	Bourg où les habitans y sonts très mauvais.
14	à.............	6	
15	à.............	5	
16	à Kalouga.....	6	Avant d'y arriver passé la rivière nommée Lougra et il y a de remarquable 40 église.
17	Séjour........	»	
18	à.............	6	
19	à.............	6	
20	à.............	4	Passé la rivière nommé Podeva.
21	à Serpékave...	5	
22	Séjour........	»	
23	à.............	6	
24	à.............	7	

DATTES de AVRIL.	VILLES. — 1807	LIEUES par jour.	OBSERVATIONS.
25	à.............	8	Jours de leurs pâques. Bien reçus par les habitans et passé à 16 lieues de Moscovie.
26	Séjour........	»	
27	Id..........	»	
28	à Colomier.....	4	Le dragon Georget y est mort
29	à.............	5	Dans tous le payis de Russie les payisants fonts des sign de croix jusqu'à trois e quatre cents sens s'arrette et tous les trois fois qu'ils l font baise la terre.
30	à.............	5	
May.	1807..........	»	
1	à.............	7	
2	à.............	6	
3	Séjour........	»	
4	à.............	6	Passés deux lieues de marai dans l'eau jusqu'à moiti jambe.
5	à	4	
6	à.............	7	
7	à Valadimer...	5	Trouvé une dâme de Lunévill nommé Madamme de Chateaufort (1) et reçu une roubl du gouverneur.
8	Séjour........	»	
9	à.............	4	
10	à.............	7	
11	à.............	5	
12	à.............	7	Passé la rivière nommé Kléma
13	à.............	7	
14	à Sola.........	8	
15	Séjour........	»	
16	à Vénisky.....	5	Le dragon Hérisard y est mort
17	à Krénova.....	5	

(1) La famille de Chateaufort avait émigré de Lunéville en 1792.

Une page du Cahier de Leclère.

DATTES de MAY.	VILLES. — 1807	LIEUES par jour.	OBSERVATIONS.
18	à Karaquevesse.	4	
19	à.............	5	Passé la rivière nommé Kléma.
20	à.............	7	
21	à.............	2	
22	à Nygné.......	4	Trouvé vu émigrés français qui m'a mis en ribotte et vu Julianna.
23	Séjour........	»	
24	Id..........	»	
25	à.............	4	
26	à.............	7	Loka et le Tamy perd leurs noms et tombe dans le Volga.
27	à.............	5	
28	à Liscof.......	6	Le prince de Grusinskala a fait donné une boutcille de bierre et une livre de pain blanc par homme. Trouvé un M. de Lunéville, nommé François Guérier (1), qui ma très bien reçu.
29	Séjour........	»	
30	à.............	6	
31	à.............	6	
Juin.	1807..........	»	
1	à Yadreun.....	5	Passé la rivière nommé Soura. Entrés dans les sauvages où les femmes porte pantalon et des chifons noir aux jambes avec une espèce de jeu d'orgue qui les y pent sur les fesses, et il y tombait de la neige.
2	Séjour........	»	
3	à.............	6	
4	à.............	5	
5	à.............	6	
6	à Siviscaye....	5	

(1) Le souvenir du nom de la famille Guerier existe encore chez beaucoup d'habitants de Lunéville.

[Les feuillets du journal de marche du brigadier Leclère ont été perdus du 6 juin 1807 au 23 novembre de la même année. C'est fort regrettable, car à cette date du 6 juin 1807 il commençait à entrer en Sibérie et il devait donner des détails curieux sur ce pays alors inconnu. Je lui ai entendu raconter qu'il était allé à soixante lieues au delà de Tobolsk.

Le journal, qui reprend en novembre, relate la marche de retour].

DATTES de NOVEMBRE.	VILLES. — 1807	LIEUES par jour.	OBSERVATIONS.
Le 23	à.	5	Livré bataille dans une auberge sur la route où il y a eut plusieurs Russes de renversés, mais aucun Français n'ont été renversés. Trois husards Chamborants sonts chargé à la tête du transport, onts blessé plusieurs Russes, dont l'un a eut un bonnet et un mouchoir qui étoit resté sur le terrain après la bataille finie.
24	à Pariso.	8	
25	à.	5	
26	à.	9	
27	à Minska.	5	
28	Séjour.	»	
29	Id.	»	
30	Id.	»	

Je voit le régiment.

DATTES de DÉCEMBRE.	VILLES. — 1807	LIEUES par jour.	OBSERVATIONS.
Décembre.	1807..........	»	
1	à.............	6	
2	à Kodeno......	6	
3	Séjour........	»	
4	à.............	7	
5	à Myre........	9	
6	à Karoliste.....	6	Il y a beaucoup de Tartares qui y résident depuis l'espace de soixante-deux ans.
7	à Novo-Grodèke.	6	
8	Séjour........	»	
9	à Bélitsa......	10	Passé la rivière nommé Nioman.
10	à Jalouda......	8	
11	à Statine......	4	
12	à Skidle.......	10	
13	à Grodeno.....	8	Passé la rivière nommé Mémelle.
14	Séjour........	»	
15	Id..........	»	
16	à.............	4	
17	à Sokolky.....	8	
18	à Biellestock...	12	Dernière ville de la Pologne russienne.
19	à Ticollechine..	8	Trouvé le commissaire français. Conté à l'échange.
20	Séjour........	»	
21	à Visna.......	8	Passé la rivière nommé le Narbre.
22	à Lomsa.......	6	
23	à Sterlinga....	10	
24	à Rosann......	6	
25	à Poltuss......	8	

DATTES de DÉCEMBRE.	VILLES. — 1807-1808	LIEUES par jour.	OBSERVATIONS.
26	à Ciroka.......	8	L'on fortifie la ville.
27	à Varsovie.....	6	La fistule (1) passe à travers le commandant de la place a pris le relevé de mon cayer pour en instruire le maréchal D'Aoust qui étoit à trente lieues dans un château pour dix jours et m'a donné une thaler.
28	Séjour........	»	
29	Id..........	»	
30	à Nadargine...	6	
31	à Zabiavola....	4	
Janvier.	1808..........	»	
1	Mzezanno......	4	
2	à Rava........	8	
3	à Onyast.......	8	
4	à Volbus......	4	
5	à Pétricau.....	4	
6	à Sromotka....	10	Je voit le ré-gi-ment.
7	à Vidava......	6	
8	à Vilquée......	6	
9	à Naramice....	6	
10	à Vieroussof...	6	
11	à Kempno.....	4	
12	à Virtemberg..	6	
13	à Oelss........	8	
14	à Breslau......	8	Arrivé au régiment. Rentré dans la 8e compagnie. Reçu pour tout un bonnet de police et trois mois vingt-quatre jours de solde, y compris le décompte.
15	Id..........	»	
16	Id..........	»	
17	Id..........	»	
18	Id..........	»	

(1) La Vistule !

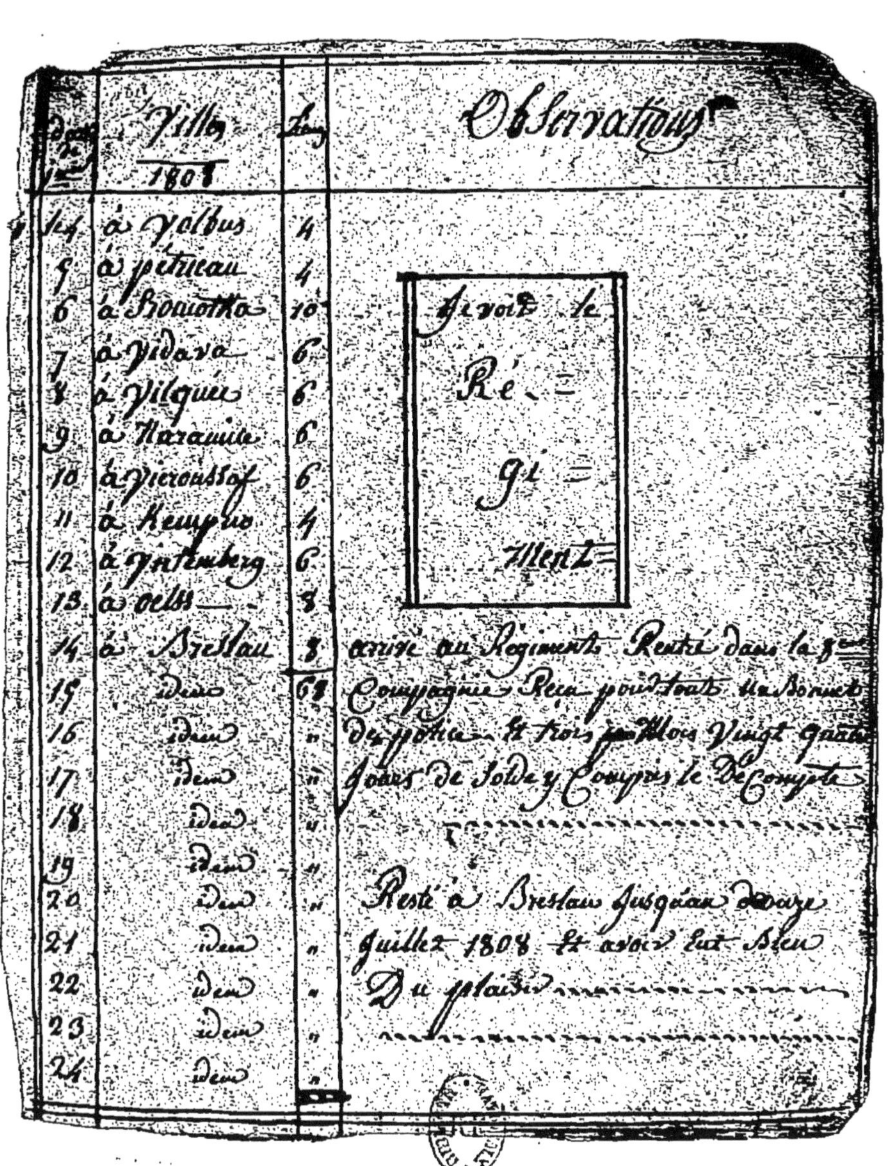

Dates	Villes 1808	Lieues	Observations
4	à Golbus	4	
5	à Pétrieau	4	
6	à Bromotka	10	Je voit le
7	à Vidava	6	
8	à Vilquier	6	Ré =
9	à Naramile	6	
10	à Vierouissof	6	gi =
11	à Kempno	4	
12	à Gartenberg	6	ment =
13	à Oelss	8	
14	à Breslau	8	arrivé au Regiment Resté dans la 8e
15	idem	68	Compagnie Reçu pour touts un Bonnet
16	idem	"	de police Et trois Mois Vingt quatre
17	idem	"	jours de Solde y Compris le Décompte
18	idem	"	
19	idem	"	
20	idem	"	Resté à Breslau jusqu'au douze
21	idem	"	juillet 1808 Et avoir Eut Bien
22	idem	"	Du plaisir
23	idem	"	
24	idem	"	

Une page du Cahier de Leclère.

DATTES de JANVIER.	VILLES. — 1808	LIEUES par jour.	OBSERVATIONS.
19	à Breslau......	»	Resté à Breslau jusqu'au douze juillet 1808 et avoir eut bien du plaisir.
20	Id..........	»	
21	Id..........	»	
22	Id..........	»	
23	Id..........	»	
24	Id..........	»	

Dans l'espace de onze mois quatorze jours, j'ai fait au nombre de 1880 lieues de poste dans le payis de Russie dessignez en détaille cy-dessus et 1616 lieues de payis. Mais j'ai appris par plusieurs bourgeois de Russie qui ont voyagé en France qui m'ont assuré que sept poiteau

font deux lieues de poste et y cy sur le livret ils sont marqué à huit poiteau pour deux lieues de poste. Ainsy ils est très facile à voir s'il y a de l'erreur sur ce livret.

FIN DE LA MARCHE
DE RUSSIE.

J.-N. LECLÈRE,

Brigadier au 17e régiment, 8e compagnie.
Rentré au régiment le quatorze janvier 1808 à Breslau, ville capital de la Silézie prussienne.

DATTES de AOUST-SEPT.	VILLES. — 1808	LIEUES par jour.	OBSERVATIONS
Le 21	à Breslau......	6	Ville où j'ai eut bien du plaisir et se jour là bien du chagrin vu qu'il falloit quitter ma bonne amie le lendemain.
22	à Neymarck...	8	
23	à............	4	
24	Séjour........	»	
25	à Lignitz......	3	Appris la nouvelle pour retourner en France et de la joie que j'en avoit, j'ai été voir mademoiselle Cristianne.
26	Séjour........	»	
27	à............	2	
28	à Haynau.....	4	
29	à Branau......	8	Dernière ville de la Silézie.
30	à Lauëbau.....	5	Première ville de Saxe.
31	à Kerlitz......	6	Fusillier un dragon du 27e régiment pour avoir blessé son lieutenant d'un coup de sabre sur le bras.
Septembre.	1808..........	»	
1	à Budissin.....	6	
2	à............	5	
3	à............	6	L'Elbe prend son nom au-dessus de Prag et passe à Tresden, ville où réside le roy de Saxe. C'est une ville très belle.
4	Séjour........	»	
5	à Tresden.....	6	
6	à Meissen.....	6	
7	à Ochatz......	6	
8	à Krima.......	6	Où je suis été en ribotte avec mon camarade de lit.
9	à Leibsich......	7	
10	Séjour........	»	
11	à Nambourg...	12	La Saxe est un beau et bon payis le sêxe y même très beau. Le congré s'est tenu à Erfurt, ville de Saxe, où notre Empéreur et celui de Russie si ont très bien fait
12	à Veymar......	10	
13	à Erfourt......	7	
14	à Gova........	4	
15	à Eisnach.....	7	

DATTES de SEPTEMBRE.	VILLES. — 1808	LIEUES par jour.	OBSERVATIONS.
16	à Vach.	7	de laqueille l'un à l'autre et beaucoup de rois des provinces voisines.
17	à Hindfeld.	5	
18	à Fulda.	5	Trouvé mon frère dans le premier régiment de carabinier à cheval, où il m'a appris bien des nouvelles du payis.
19	Séjour.	»	
20	à Schlieter.	5	
21	à Kelhaus.	8	
22	à Hanau.	5	
23	à Francfort. . . .	4	
24	à Mayence.	8	
25	Entré à.	»	l'hôpital à Mayence (1) jusqu'à l'époque du vingt-deux octobre, sortis de l'hopital et régeoint le dépot à Haguenau.
26	Id.	»	
27	Id.	»	
28	Id.	»	
29	Id.	»	
30	Id.	»	
Octobre.	1808. Id.	»	
1	Id.	»	
2	Id.	»	

(1) En entrant à l'hôpital de Mayence, le brigadier Leclère eut le chagrin de voir partir son régiment sans pouvoir le suivre. L'*Historique du 17e dragons* nous en explique les motifs :

« En se rendant à Erfurt, l'Empereur passa la division en revue à la fin de septembre, la 1re brigade auprès de Mayence sur la rive gauche du Rhin, et la 2e brigade à Cassel, sur la rive droite ; elle se rendit ensuite à Bayonne en passant par Orléans, Poitiers et Bordeaux. Le 17e dragons arriva à Bayonne le 14 octobre, fort de ses trois premiers escadrons : 29 officiers, 749 hommes, 745 chevaux. Le 4e escadron et le dépôt étaient à Haguenau. »

Fusillier un dragon du 27e régiment.....

DATTES de OCTOBRE.	VILLES. — 1808	LIEUES par jour.	OBSERVATIONS.
....	....	....	
....	....	....	
....	....	....	
23	à Oppenheim...	5	Route de Mayence à Haguenau.
24	à Vorms.......	4	
25	à Ogersheim...	4	
26	à Spire........	6	
27	à Landau......	6	
28	à Vissembourg.	6	
29	à Haguenau....	7	
30	...........(1)	....	

(1) Au départ du régiment, à Haguenau, Jean-Nicolas Leclère, conscrit de la classe 1800, recevait son congé et rentrait dans son village de Bénaménil après avoir fait, avec son régiment, les campagnes de l'armée du Rhin avec la division Klein, en 1805. Le 17e dragons avait donné à Mœskirch le 5 mai, à Biberach le 8, à l'affaire de Weishorn le 17 juin, à la bataille de Neresheim le 22, à Dachau le 26 juin, puis le 3 décembre à Hohenlinden. En juin 1805, le 17e dragons était parti du camp de Boulogne se dirigeant sur le Rhin. Fait prisonnier à Albeck, le brigadier Leclère n'assista pas à la fameuse victoire d'Austerlitz. Rendu à son régiment à la paix, il fait toute la campagne de 1806. Mais il joue de malheur, car en 1807 il est de nouveau fait prisonnier, par les Russes cette fois. Le départ de son régiment pour l'Espagne, survenu pendant son séjour à l'hôpital, lui permit d'être libéré au dépôt. Il est probable que, s'il avait suivi le 17e au delà des Pyrénées, comme bien d'autres de ses camarades, Leclère n'aurait jamais revu la France. Quoi qu'il en soit, le court résumé des campagnes auxquelles il prit part et des combats auxquels il assista, créait bien cependant, au conscrit de 1800, le droit d'obtenir son congé de libération, après 8 années de bons et loyaux services.

De Breslau à Mayence. il y a 181 lieues par la route indiqué cy-dessus.

La rivière qui passe à Breslau se nomme l'Oder. Elle porte bateau et tourne autour de la ville.

De Breslau à Lunéville il y a 245 lieues de poste par les routes indiqués cy-dessus.

Leclère, brigadier.

1808.

TABLE DES MATIÈRES

TABLE DES MATIÈRES

Deux vieux soldats, par E. GRIDEL et le C^ne^ RICHARD... I
Cahier de CHATTON........................... XIII

CHAPITRE PREMIER

Volontaire national à l'armée de Sambre-et-Meuse.

Volontaire national de 1792. — Maréchal des logis. — Qui va à la chasse perd sa place. — A l'armée de Sambre-et-Meuse. — La politique à l'armée. — Bataille de Fleurus, 26 juin 1794. — Prise de Maëstricht, 2 octobre 1794. — Prise de Bréda. Hiver de 1794. — Prise de Luxembourg, 20 mars 1795. — Les maraudeurs. — Jean Chatton est sur le point d'être fusillé. — Misères des soldats devant Coblentz. — La soupe au trèfle. — Retraite sur l'armée de Sambre-et-Meuse. — Déblocus de Mayence, 28-29 octobre 1795. — Quartiers d'hiver à Deux-Ponts. — Une permission de seize jours. — De Deux-Ponts à Domjevin à pied. — Déserteur. — Les gendarmes... 1

CHAPITRE DEUXIÈME

La 17e demi-brigade sur le Rhin et en Italie.

Passage du Rhin à Kehl. — La traversée de la France de l'est à l'ouest et de l'ouest à l'est. — Les monstres marins. — Huningue. — Départ pour l'Italie. — Le Grand Saint-Bernard. — Milan. — Combat de Porto-di-Fermo, 27 novembre 1798. — Atrocités des Napolitains. — Les représailles. — Dispersion des Napolitains. — Fuite du roi de Naples. — Marche sur Naples. — Guerre sauvage. — Arrivée à Naples. — Caserte.......... 15

CHAPITRE TROISIÈME

L'expédition de Benavente.

Les trésors du roi de Naples. — Les Fourches Caudines. — A la baïonnette. — Plutôt la mort que l'esclavage. — Jean Chatton dans un château. — Rumeurs et précautions. — Les adjudants-majors de la 17e. — L'affaire de Popoli. — Cuit à la broche. — La veilleuse. — Un bon lit. — La plume de cinq pieds. — Insomnie. — Pressentiments. — Alerte. — Départ subit de la 17e. — Triste réveil. — Abandonné. — En reconnaissance. — Un costume protecteur. — La révolte des paysans. — Enfermé dans le château. — En pénitence contre une porte. — La mort de mon cheval. — Pillage du château. — Transes mortelles. — Prêt à mourir. — Fuite subite des brigands. — A la nuit. — Déguisement. — Bonsoir. —

Porte trop bien gardée. — Chatton saute dans le fossé. — Une chute terrible. – Sauvé, mais mal loti. — Les premiers pas. — La rivière. — Le canal. — L'échelle en passerelle. — Au jour. — Rencontre d'un brigand. — Italien de cuisine. — Dépouillé par les brigands. — La fuite. — Manqué, mais cerné. — A genoux, les yeux bandés. — Le scapulaire protecteur. — Un forcené. — Conseil de guerre. — Sauvé par les femmes. — En route pour Montesarte. — Insulté par les gamins. — La maison du gouverneur. — Cordiale réception. — Les jolies demoiselles du gouverneur. — L'interrogatoire. — Les demoiselles obtiennent la grâce de Jean Chatton. — A déjeuner. — Fureur des paysans. — Garde-robe recomplétée. — Adieux. — La galanterie française. — Si j'étais riche! — En route pour Caserte. — En carrosse. — Une ruse de guerre du général Broussier. — Sauvé! Je retrouve la 17e à Caserte.................. 29

CHAPITRE QUATRIÈME

La conquête de la Pouille et la retraite de l'armée de Naples.

Prise de Naples. — Malade. — Un remède de bonne femme. — Une double ruade. — Les étapes en boitant. — Foggia. — Un massacre de brigands. — Le général Schérer. — La retraite sur Plaisance. — Capoue. — Désespoir des blessés abandonnés. — La retraite de Macdonald. — Combat d'Isola. — Bataille de la Trebbie, 18 au 20 juin 1799. – La 17e demi-brigade soutient la retraite.................. 71

CHAPITRE CINQUIÈME

Le siège de Gênes. — La rentrée en France. La libération.

Gènes. — Bloqués. — Les misères du siège. — Nous nous retrouvons sept *pays* à Gênes. — Masséna capitule avec les honneurs de la guerre. — Dévalisé par des barbets. — Marengo. — Licencié. — Retour en France. — Dépouillé par les médecins. — Retour au régiment. — Nantes. — La carotte. — Belle-Isle-en-Mer. — Libéré par congé de réforme. — Actions de grâces........ 85

Vieux souvenirs........ 97

Remède pour guérir les cors aux pieds........ 98

Remède approuvé pour la rompure d'un enfant........ 98

Remède pour arrêter le sang de telle coupure que ce soit........ 99

Oraison pour couper la fièvre........ 99

États de service de Jean Chatton........ 101

LE DRAGON LECLÈRE

1805-1806-1807

Notice sur le Dragon Leclère........ 105

Historique du 17e Régiment de Dragons........ 123

Cahier de Leclère........ 151

PARIS. — IMPRIMERIE R. CHAPELOT ET Cᵉ, 2, RUE CHRISTINE.

www.ingramcontent.com/pod-product-compliance
Ingram Content Group UK Ltd.
Pitfield, Milton Keynes, MK11 3LW, UK
UKHW022050190726
13855UKWH00002B/456

9 782013 494182